最強の

高配当

投資

売却益 × 配当益 **爆速で資産を増やす！**

投資系YouTuber

上岡正明

Masaaki Kamioka

SB Creative

年間配当600万円超えの秘訣

こんにちは
著者の上岡正明です

みなさんには
私の「高配当投資」の
ノウハウをお伝えして
いきたいと思います

私は2002年、27歳のときに
株式投資を本格的に始めて
3年で200万円を1000万円に
増やしました

なんだ
株って
カンタン！

ところが、市場全体が
右肩上がりの時代から一転して…

2008年にリーマンショック、
2011年3月に東日本大震災を経て、
私は破産寸前まで追い込まれます

上がれ〜
上がれ〜

追加証拠金のご入金は
いつになりますか？

ううう…
ええと

もうノイローゼ寸前です

しかし、そんな状態だった私が、
そこからわずか5年で
1億円の資産を作ります

わっはっは

さらにその2年後には...
配当金が300万円を
超えるようになります

やった！

そして2023年の年間配当収入は
600万円を超えます

ちなみに、売却益は
3000万円超え

お――!!

※2023年11月時点の予想値

破産寸前まで
追い詰められた私が、
なぜ600万円を超える
配当益を得られるように
なったのか？

この本では、
その秘訣をお伝えして
いきます

わ――い

私は現在、経営者をしていますが、やろうと思えば、

寝転がっていてもテレビを見ていても年間の配当金だけで生活することができます

「夢の配当生活」

夢の配当生活を送るには億の資金が必要です

配当金

バーン

¥ 売却益

そして資金を効率よく増やすには「売却益」が必要なんです

私が提唱する高配当投資は一度買ったら「ほったらかし」なわけではありません

❶値上がりしたら一度、利益確定する
❷値下がりしたときに再び株を購入する
❸配当金を得たらそれも再投資する

❶利益確定
売却
❸配当金
売却
購入
❷再び購入
購入

売却益や配当金を再投資していく方法をとります

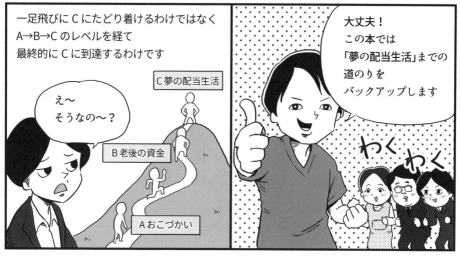

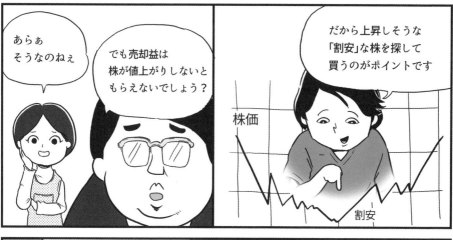

はじめに

「貯蓄から投資へ」

　このスローガンを一度は耳にしたことがあるかと思います。

　国民の資産所得倍増を目指す政府のスローガンです。岸田政権は2023年6月30日、今年を「資産所得倍増元年」とし、「貯蓄から投資へ」のシフトを大胆かつ抜本的に進めていくと、国民に向けて発表しました。

　その政策のひとつがNISAの拡充です。**2024年1月から非課税の限度額が大幅に引き上げられる**のです。ほかにも金融教育の普及、金融事業者による顧客本位の業務運営という柱を掲げています。

　現在、日本は超低金利の時代です。金融機関にお金を預けていてもゼロに近い金利しかつきません。これでは将来に向けての資産形成はなかなか難しいでしょう。

　2019年には金融庁金融審議会「市場ワーキング・グループ」が「老後の30年間で約2000万円が不足する」と報告書で発表し、「老後2000万円問題」として大きな話題になりました。さらには少子化・長寿化などで公的年金は今後、減少する可能性は十分にあります。

　このような背景から、預貯金だけでは老後に備える資産形成は難しいとの考え方が広まり、投資に関する関心が高まっています。

　実際、みなさんの中にも将来設計になんとなく不安を感じている人がいることでしょう。

　株式投資は、そのような不安を〝すべて〟とは言わないまでも、解

消してくれるのではないでしょうか？

　ここで株式投資というと〝コワい〟とか〝ギャンブルだ〟とか言う人が少なからずいそうです。

　みなさんは株式投資に関心があって、本書を手にしたのだと思いますが、それでも心のどこかに「大丈夫かな……」という不安があるかもしれません。

　本書はタイトルにあるように〝高配当〟を狙う株式投資の本です。**安く買って、株価の上下に動じず、長期保有して、その間には配当をもらい、株価が上がったところで売却して、利益を得るという手法**を解説しています。

　高配当株投資のメリットは株価が下がっても配当が入ってくるところにあります。たとえ、株価が買値より下落しても、配当をもらいながら、戻るのを待てばいいのです。そして買値に戻って、そこから上がったところを売れば配当と売却益の両方が手に入ります。

　本書では、**「配当（＝インカムゲイン）」と「売却益（＝キャピタルゲイン）」の両方を狙う投資ノウハウ**を解説しています。

　それは、**株価が10倍になるテンバガーを狙う投資より堅実ですし、配当のみを目的にする投資より成果が大きい投資**と言えます。ましてや、ギャンブルではありません。

　また、本書の高配当株投資では、いきなり「億を稼ぎましょう！」などとは言いません。まずはおこづかい稼ぎのレベルから始めます。コツコツとトレードして年間10万円ほどの配当金をもらい、それを再投資して、年間60万円にします。

　その後は、年間100万円ほどの株の収益を目指し、レベルアップ

したら、インカムゲインとキャピタルゲインの合わせワザで、配当金だけで年間300万円、ゆくゆくは倍増させて、私のように600万円の収入を狙います。

　ここまでくればFIRE（経済的自立と早期リタイア）も夢ではないし、豊かな将来設計も描けます。

　きちんとした戦略をもって最初の段階を早く突破できれば10年以内で配当金600万円へのステップアップも不可能ではありません。

　耳ざわりのいい話で、ちょっと信じられませんか？

　ここで遅くなりましたが、簡単に自己紹介させてください。私の実体験を知っていただければ、本書で解説していることも実現可能だと思ってもらえるでしょう。

　私はもともとFXをやっていましたが、2002年、27歳のときにFXをやめて（一夜で大損したのが理由ですが）、株式投資一本に絞り、資金200万円から投資を始めました。最初の3年で1000万円まで増やしたものの、その後はリーマンショック、東日本大震災と株価暴落のあおりを受け、信用取引にも手を出していたために、2011年には破産寸前の地獄を見ました。

　しかし、この体験から自分の投資手法を見直し、安定的に勝てる方法を研究したのです。そして、**まさに〝地獄〟から這い上がり、そこからわずか5年、2016年で〝億り人〟に、その2年後には配当金が300万円を超えるようになりました**。現在の資産は5億円を超えています（34ページで「資産5億円超えまでのヒストリー」を紹介）。

　さらに、**投資を始めて約20年、2023年の年間配当収入は600万円**超えとなります（株の収益は、私の公式YouTubeチャンネルで定期的に公開しています。）。

　今まで、投資手法の著書は何冊も刊行してきましたが、高配当株に

着目して解説したのは本書が初めてです。

　また、高配当株投資について書かれた本は数多く出版されていますが、インカムゲインとキャピタルゲインの両方を狙うノウハウ書は本書が初めてかもしれません。

　この本では、地獄を経験した私が億を稼げるようになり、年間600万円以上の高配当を得られるようになった手法を書いています。

　その手法は自分自身の実体験から培ったユニークなノウハウです。といっても、決して難しい手法ではありません。

　割安な高配当株を買って、高配当をもらいながら値上がりを待ち、高く売るという実にシンプルなトレード手法です。**誰にでも実現可能な方法でおこづかいを稼ぐ、将来に備えての資産形成、FIRE……ど**のようなターゲットにも対応できる手法です。

　みなさん、本書を活用して、インカムゲインとキャピタルゲインの両方で堅実に利益を上げながら、10年以内に億り人を目指しませんか？　それは夢ではありません。

　みなさんの成功を願っています！

上岡正明

Prologue	年数万円レベルではない、本当の配当生活を実現する！

Chapter **3**
ニュースや国策はこう読み解く!
ファンダメンタルの作法

Chapter
4

決算で配当を確かめ、チャートを見て売買する！
実践編

年数万円レベルではない、本当の配当生活を実現する!

配当金と売却益

配当金と売却益を狙う！上岡式「高配当」投資

▶ 高配当の基準は利回り3％以上

　ここ数年、「高配当投資」が話題になっています。本書も高配当投資の本ですが、最初に高配当について基本的なことを説明しておきましょう。

　高配当の「配当」とは企業が得た利益の一部を株主に還元するお金のことを言い、株主が保有する株数に比例して配分されます。配当をもらうためには「権利確定日」の2営業日前、「権利付き最終日」までに株を保有して、株主名簿に記載されている必要があります。

　その配当が高配当かどうかは、配当利回りで判断します。

　配当利回りとは自分が購入した株価に対し、1年間でどれだけの配当がもらえるのかを示す数値で、以下の計算式で求めます。

配当利回り（％）＝1株当たり年間配当額÷1株当たり株価×100

　日本取引所グループの資料によるとプライム市場に上場している企業の配当利回りの平均は2023年11月時点で約2％でした。

　本書では、それよりも配当利回りが1％高い**3％以上を高配当**とします。

　高配当投資のメリットはその銘柄を保有している間中、何もしなくても配当がもらえる——つまりは不労所得を得られることです。

　預金の金利は今現在（2023年11月）、ほとんどの金融機関で定期預金が0.002％、普通預金では0.001％です。そんななかで配当利回

り3％は魅力的といえるでしょう。

▶ 配当金と売却益で億の利益を目指す！

　高配当が目的の投資は、デイトレードのような超短期、あるいは数日で売買する、リズム取りのような短期の投資ではありません。**投資期間は長期**です。

　とはいえ、買ったら売らないで保有を続け、配当をもらい続ける、いわゆる「ほったらかし投資」をテーマにした本とは違います。

　これから説明していくのは、安く買って高く売って「売却益」を確定し、また安くなったところで買い直すという方法です。一度買ったら「ほったらかし」なわけではありません。さらに、買った株は「権利付き最終日」まで保有し、配当金も取っていきます。

　なぜ、配当金と売却益の両方を狙うのか？　次にその理由を解説していきます。

配当金も狙いながら、売却益も取っていく！

3つのレベル
「夢の配当生活」も まずは小さな資金から

▶ 配当金だけで生活する「夢の配当生活」

　高配当株に投資したいと思っている人の中には、年間、数百万円の配当金を得て、配当金だけで生活することを目標にしている人もいるでしょう。寝転がっていても年間の配当金で生活できる、まさに「夢の配当生活」です。

　では、年間いくらの配当金があれば配当生活が可能でしょうか？考えてみましょう。

　生活費が毎月25万円かかるとすると、年間の支出は300万円です。配当利回りが3%だとすると、1億円もの株を保有しなければならないことになります（1億円の利回り3％が300万円）。

　夢の配当生活を送るには、〝億り人〟になる必要があるのです。

▶ 夢の配当生活を送るための3ステップ

　1億円という数字を見て、呆然としてあきらめムードになった人も多いのではないでしょうか。でも簡単にあきらめないでください！

　いきなりそれだけの原資を用意するのは難しいでしょう。私だって200万円の原資をいきなり5億円超えに増やしたわけではありません。原資を増やすために、私は次の3つのステップを繰り返し行っていきました。

①高配当株はほったらかしでは持たず、値上がりしたら一度、利益確定する

②値下がりしたときに再び株を購入する

③配当金を得たらそれも再投資する

　運用で得た利益（売却益と配当金というダブルの利益）を原資に組み入れていくことで、資産を雪だるま式に増やしていったのです。逆をいえば、売却益を得ずして、**配当金だけを積み上げて〝億り人〟になるのは至難のワザ**だと言えるでしょう。

▶　**まずはコツコツと小さな配当資金から始めよ！**

　ここまで、「夢の配当生活を送るために」という前提でお話ししてきましたが、その一方で、
「いやいや、私は**毎月数万円のおこづかい稼ぎ**ができれば十分！」
「早期リタイアのためではなく、**老後の資金**に備えておきたい！」
　という人もいるでしょう。
　高配当投資で目指すレベルは、次の３つがあると思います。

高配当投資で目指す3つのレベル

レベルＡ　毎月数万円のおこづかい稼ぎがしたい
レベルＢ　老後の資金に備えたい
レベルＣ　夢の配当生活を送りたい

　Ａならば月１万円として、年間12万円の配当金をもらうとして、400万円ほどの株式保有で実現可能です（400万円の利回り３％が12万円）。

　Ｂとなると、年金にプラスして月10万円ほどでしょうか。すると年間120万円の配当金をもらうために、年金受給年齢までに4000万円ほどの株式保有が必要です。この資金を、30歳の人であればだいたい35年かけて作り上げていきます。

　そしてＣとなると、前述したように月25万円の生活費を配当金で稼いでいくなら、１億円分の株式保有が必要です。

▶　Ａ→Ｂ→Ｃと段階的にレベルアップする

　では、Ａ、Ｂ、Ｃではトレードの手法がどう違うのでしょうか？

　実はどのレベルであっても、手法に違いはありません。**売却益と配当金により利益を積み上げ、再投資していく方法**をとります。

　スタートラインも誰もが一緒です。

　Ｃの「夢の配当生活を送りたい」という人でも、最初はおこづかい稼ぎの高配当投資から始めます。一足飛びにＣにたどり着けるわけではなく、最初にＡを目指して、次にＢのレベルへステップアップし、最終的にＣに到達するわけです。

　違いがあるとすれば、どこまでのレベルを目指すかというゴール設定と金額だけです。

　なお、何が何でもＣを目指す必要もないでしょう。私は、年間12万円の配当金でもいいと思います。それを家族旅行の資金にしたり、自分の趣味に充てたりすれば、有意義な使い方ができるはずです。

Prologue 03

投資のスピード感
高配当投資は
盆栽作りと同じ

▶ 値上がりするのをじっくり待つ投資

　私は資金200万円から始めて自己破産寸前の憂き目に遭ってから、7年後に年間の配当金が300万円を超えるようになりました。

　それだけの配当金を得るには、億の資金が必要ですし、その資金を作るには「売却益」というブースター（加速装置）が必要です。

　ただし、高配当投資は短期トレードのように買ったらすぐに売って、売却益を得るわけではありません。

　基本的には保有を続けて（利益確定してエントリーし直しはあっても）、株価の上昇を年単位で、時には5年以上かけて**じっくりと待つ投資**です。割安で放置されている高配当銘柄が買値の2倍ぐらいまでに上昇するには、1～2年はかかると思ってください。

▶ 盆栽や花を育てるようなスピード感で

　じっくり待つという投資は、盆栽を育てるのと似ています。松でもサツキでも、盆栽の樹木はいきなり成長するわけではありません。少しずつ枝葉が伸びて、育てる人の目指す形になっていきます。その間に水をやったり、枝を切ったりと手入れして春夏秋冬、育っていくのを待ちます。

　高配当投資も、自分の描いた形になるまで、時には追加買いをしたり、一部を利益確定をしたり、エントリーし直したりして見守ります。

　あるいは、花を育てるイメージを抱いてもいいでしょう。種をまいて、芽が出て、茎が伸びて花が開く、育っていく過程を楽しめます。

高配当投資では、育つ間の楽しみが「配当」という成果になりますし、花が咲けば、利益確定ポイントで「売却益」になります。

盆栽や花を育てるぐらいのゆったりした時間の流れが、高配当投資のスピード感です。

その対極でトレードしているのが、デイトレーダーです。エントリーしたらすぐ売却。売買はその日のうち、持ち越しても翌日までです。短期売買のスイングトレーダーも、2〜3日から数週間の株価の上下の中で利益確定をしていきます。

一方、高配当投資はデイトレードやスイングトレードとは、戦う時間が違うのです。**盆栽を育てるような、ゆっくりした時間軸の中で株価が上がっていきそうな銘柄を選びましょう。**最初に自分は1年から3年で戦うのか、5年かけて戦うのか時間軸を決めて、その中で一番利益が出そうな銘柄を探すのです。

そしてエントリーしたらゆっくりと待つ——それが高配当投資です。

高配当投資と盆栽作り

高配当投資と盆栽作り

高配当銘柄の株価

時間

Prologue 04

銘柄選び
利益を出すには必ず
チャートで底値を確認

▶ 企業分析とチャート分析

　基本的に私のトレードは、株価チャートを見て**「うねり取り」**で利益を取っていくスタイルです。うねり取りというのは、一定期間で株価が規則的に上下する銘柄を投資対象にし、底値で買って、高値で売るというトレードです。

　例えば、2200円と2900円の間を、半年くらいかけて上下するような銘柄で2200円に近づいたら買い、2900円前後に達したら売る、これを繰り返すというトレード手法です。

うねり取りとは？

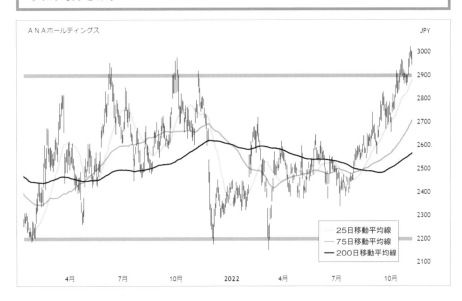

ANAホールディングス

凡例:
- 25日移動平均線
- 75日移動平均線
- 200日移動平均線

うねり取りができる銘柄は、チャートで探します。

配当金と売却益を狙う高配当投資では、**ファンダメンタルと同時にテクニカルも必要に**なってきます。

▶ 企業分析だけで投資しても勝てない

ファンダメンタルは世界的な経済状況、国策や企業の業績を分析して株価が割安か割高かを分析し、その分析から株価の動きを予測し、売買する手法です。

それに対し、株価チャートから過去の株価の動きを分析、予測して売買する手法がテクニカルです。

一般的に高配当投資を勧める本や考え方については、ファンダメンタルが中心です。企業の財務状況や業績、またPER（株価収益率）、PBR（株価純資産倍率）といった株価指標を調べ、長期保有を前提に投資するというものが多いです。株価チャートから分析するテクニカルについてはあまり触れられていません。

ところが、企業の業績などを見るファンダメンタルだけで、本当に勝てるのかというと、私は難しいのではないかと考えます。

チャートを見ずに投資をすると、高値づかみをするというリスクがあるはずなのです。

▶ 利益を出すにはチャートで底値を確認

例えば、配当利回りが4％以上の銘柄ばかりを600万円分保有すれば、年間24万円が稼げます。

こうした銘柄を買うとき、チャートを見ずに配当利回りだけで選んだとしましょう。すると、高値で買った銘柄がいくつか含まれることになります。

相場全体が下落したとき、いくら高配当銘柄を揃えたポートフォリオでも個別銘柄の株価は下落します。高値で買った銘柄が、きつい下

げになってしまうのは珍しくありません。すると**年間24万円の配当を得るために買ったものの、株価下落によって、200万円の含み損を出す**などということが起こり得るのです。

　これでは配当が24万円あっても、差し引き176万円の損が生まれます。こんなことを避けるためにも、きちんとチャートを見て、今が高値か底値かを判断して買っていくことが大事なのです。

　底値で買っていれば、たときつい下落にあっても、まだ含み益が30万円あるといった可能性があります。

　そのうえ配当が24万円——これなら、年間合わせて54万円の利益があります。

　同じ高配当銘柄を保有していても、176万円の含み損と54万円の含み益では大きな違いです。

　ですから、ファンダメンタル（企業分析）だけで買うのではなく、**値動きを確認できるテクニカル（チャート分析）も大事**なのです。

同じ銘柄を保有しても含み損と含み益が生まれる

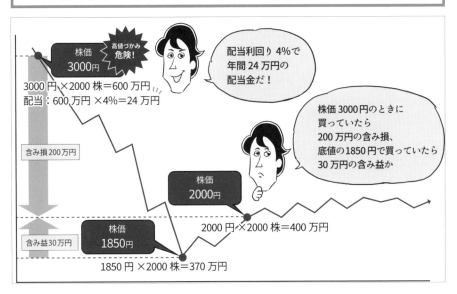

長期保有
含み損も耐えられる！
配当金は「がまん料」

▶ 短期で資産を築こうと思ってはいけない

前項では、配当が24万円あっても200万円の含み損が生まれるという例を挙げました。

しかし、底値で買えずに含み損を出しても、黒字にする方法はあります。それは、**長期にわたって保有し続ける**ことです。

例えば、10年間保有すれば配当金は、240万円になります。すると、差し引き40万円（＝240万円－200万円）の利益です。

ですから、**「10年後に配当で黒字にする」**という視点で、長期保有することは大事です。

また、10年の長期で考えると、どの銘柄もたいてい株価は上下します。下がったところで買い増ししていけば（これを私は「玉乗せ」と呼びます）、将来売却するときにプラスマイスゼロに、あるいは売却益がプラスに転じることもあり得ます。

資産を築くには安値でエントリーして、長期保有しながら売却益も積み上げていくという考え方が重要なのです。

▶ 高配当銘柄ならば「がまん料」がある

さらに繰り返しますが、売却益に加えて配当金を狙うことも大事です。配当金について、私は「がまん料」だととらえています。

例えば、山口銀行、もみじ銀行、北九州銀行の持株会社である**山口フィナンシャルグループ**（銘柄コード8418）。

2023年に入って、強い上昇トレンドになりましたが、2020年ぐら

山口FG　日足チャート

山口フィナンシャルグループ

- 25日移動平均線
- 75日移動平均線
- 200日移動平均線

JPY

1400
1300
1200
1100
1000
900
800

2023　3月　5月　7月　9月　11月

山口FG　週足チャート

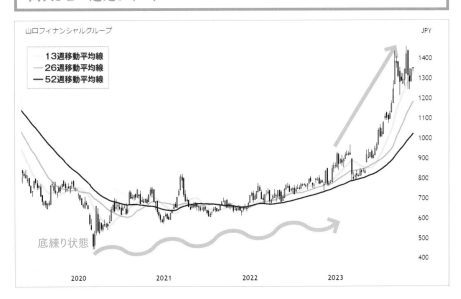

山口フィナンシャルグループ

- 13週移動平均線
- 26週移動平均線
- 52週移動平均線

JPY

1400
1300
1200
1100
1000
900
800
700
600
500
400

底練り状態

2020　2021　2022　2023

いからはずっと底練り状態で「動かない」といってもいいような値動きです。ただ、株価は安かったものの、高配当銘柄でした。

　買ってから長い間、売却益が狙えないような値動きでも、その間は「配当金＝がまん料」がある——そう考えれば、心が折れずに保有できるのではないでしょうか。

　山口FGの2020年の3月期配当は、100株当たり2400円、配当利回りは約4%でした。減配されずに、最低でもこの配当金を4年間、2023年までもらい続ければ、100株で計9600円になります。

　2020年に720円で買っていたとしましょう。株価は下落して500円を割ることもあり、なかなか買値に戻りません。しかし、含み損を抱えていても配当金があるわけです。これをがまん料と考え、所有を続けます。

　すると2023年には株価は約2倍になっています。720円で買ったものを1400円の高値で売れば、利益は680円。**売却益と配当金をあわせて100株当たり7万7600円の利益**です。

売却益6万8000円＋配当金9600円＝7万7600円

　それまでには増配もあり、さらに利益は増えるでしょう。

　1000株所有していれば、毎年2万4000円の配当金で、4年間で9万6000円です。利益は77万6000円になります。

▶　配当金が含み損を解消することも

　安いときに追加買いをして300株、500株に保有株数を増やしておけば、3倍、5倍の利益になることもあります。これを私は「分割買い」と呼んでいます。

　高配当投資にふさわしい銘柄を選んで割安で買い、がまん料という高配当をもらいながら、値上がりするまで分割で買い続ける。その結

果、売却益と配当金の合計で大きな成果が得られます。

このがまん料は、含み損をも解消することがあります。

▶ 株価の下落にも余裕で耐えられる！

山口 FG の例でいえば、100 株当たり 2400 円の年間配当金です。

720 円で買ってから 1 年間で 24 円下落しても、配当金を考えればプラスマイナスゼロです。これが 2 年間所有なら 48 円の含み損でもゼロということです。

仮に 10 年間、100 株当たり 2400 円の配当金をもらい続けたら、合計 2 万 4000 円となり、その分下がっても損はしません。配当金という存在に気づけば、株価の下落にも余裕で耐えられるようになります。

多くの人は、株価の値上がり益にばかり着目していることでしょう。そうではなくて、**累積していく配当金もきちんと利益として意識すれば、株価の値動きに一喜一憂することはなくなる**でしょう。

1株24円の配当金がある場合

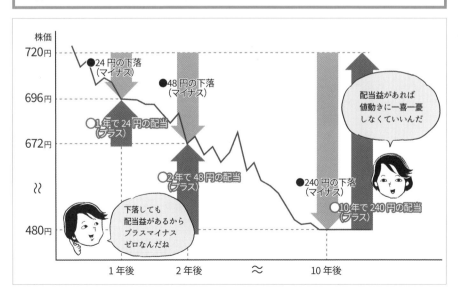

買付余力
浪費は減らして「入金力」を増やす！

▶ いざというとき買い増しできる入金力

　高配当投資で資産を築くには、「入金力」が必要です。これは資金力とは少し違います。

　入金力というのは、株価が下がったときに買い増しができるだけのお金を証券口座に入金できるかということです。資金力があっても持ち金すべてを株に変えてしまっていたら、入金力はありません。

　この入金力については、各自努力して準備しておいてください……としか言いようがありません。ひとつアドバイスをすれば、**「出ていくお金を減らす」**ということです。どんなに稼いで収入が多くても、それ以上に支出があれば、当然マイナスになります。

▶ 充実した生活を送ると浪費がなくなる

　浪費を減らすには、**人生に無駄な時間や無駄なお金が入り込む余地がないくらいに、充実した日々を過ごしてほしい**と思います。

　私の知り合いの社長さんたちを見ても、仕事が楽しく充実した時間を過ごしていると、ストレス解消のために散財したり豪遊したりする気持ちにはならないようです。

　どんな人にとっても、お金や時間を浪費しないことは大事です。

　また、**「ここで節約すると、将来どうなるか？」というゴールにフォーカスする視点**も大事です。例えば、携帯電話代やタバコ代、無駄な飲み会などを節約して月に1万円が浮いたとします。これは年間にすれば12万円、5年で60万円、10年で120万円と、まとまった金

額になります。そのお金をきちんと運用していったら、100万円が200万円に増える可能性もあります。複利の効果を考えると、なるべく早いうちに投資を始めたほうがいいわけです。そのためにも、浪費は減らして入金力を上げてほしいと思います。

▶ 再投資の無限ループで夢の配当生活へ

さて、日経平均株価が2023年10月2日から4日まで続落して3日間で約1500円も下がったことがありました。当然、ほとんどの銘柄が全面安となり、大きく値を下げました。

このようなとき、入金力があれば狙っていた割安高配当銘柄を買ったり、保有していた銘柄を買い増ししたりする「チャンス!」ととらえることができるのです。

保有する銘柄や株数を増やせば、配当金の額も増えます。増えた配当金を再投資すれば、さらに株数が増えます。株数が増えれば配当金も増え、また再投資できます。

これを繰り返していけば、保有する株数はどんどん増え、それにしたがい配当金も増えていきます。夢の配当生活へと近づいていきます。

ですから、**割安のときに買って株数をいかに増やしていくか?** そのことに資産を増やせるかどうかがかかっています。もし、証券口座の資金がゼロだったら、買いたくても買えません。市場の下落をただ見ているだけになってしまいます。

下落や暴落のときに証券口座の買付余力がゼロではなく、残金があるか。もし、残金がなければ資金を入金できるか、つまり入金力が必要だということです。

ここまで高配当投資の基本について書いてきました。

次の章からは、銘柄を選ぶスクリーニングの方法、株価チャートの見方など、具体的なトレード法を解説していこうと思います。

資産5億円超えまでのヒストリー

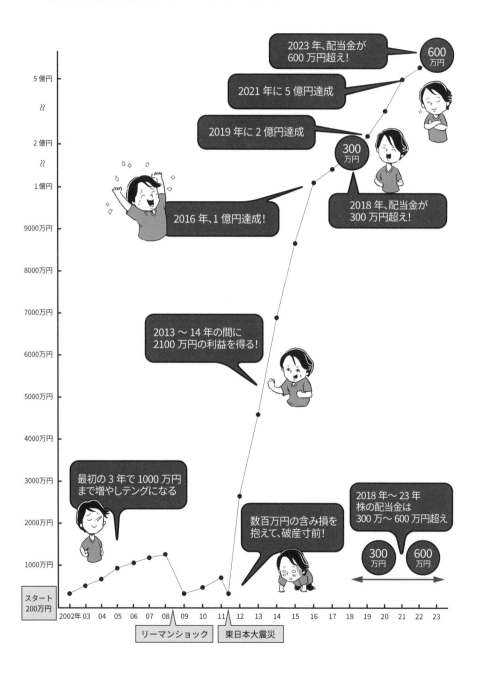

「高配当&億り人」銘柄をスクリーニングする7つの条件

スクリーニング❶
配当利回り3％以上、配当性向、増配を確認

▶ 上場企業3500社以上からトレード銘柄を探す

ここからは、具体的な銘柄の選び方についてお話ししていきます。

東京証券取引所に上場している企業は3500社以上もあります。その中からトレードする銘柄を選択しなければなりません（私が保有している銘柄は、プライム市場とスタンダード市場のものが8割、グロース市場が2割ほどです）。

そこで、いわゆる「スクリーニング」をします。スクリーニングとは**業績や各種投資指標などの条件を設定し、これに合った銘柄を探し出すこと**です。

この章で解説するスクリーニングについては、条件すべてに当てはまる銘柄を探すというのではなく（当てはまる条件が多いほど確実さは増しますが）、**高配当と売却益を狙う投資に最適な銘柄を選ぶ目安**と考えてください。証券会社各社が顧客に提供しているツールや株式関連サイト（「IRバンク」や「株探」など）を活用して行うと効率的にスクリーニングできるでしょう。私自身は、プレミアム会員（有料）の「株探」を活用しています。

▶ 配当利回り、配当性向、増配の3つをチェック

まずは基本中の基本である配当利回りについて、本書では3％以上を高配当銘柄とします。

このほかに配当性向も見ておきたいと思います。**配当性向は「配当支払率」とも呼ばれ、当期純利益（最終利益）の中から何％を配当に**

充てているかを示す数字です。

　配当性向が高いほど、株主に対して多くの利益を還元しているといえます。ただその分、内部留保できる利益は少なくなり、業績が悪化すると減配や無配になる可能性が高くなります。高すぎる配当性向は注意したほうがいいかもしれません。日本の上場企業の平均は30〜40％です。私は、配当性向30％くらいが妥当な数字だと思います。

　配当利回り、配当性向のほかに、**前の期よりも配当金を増やして増配**してきたかも調べてみましょう。増配により、配当金が増額されれば資産も早く増えますし、株高になりやすいでしょう。

　過去、増配してきたのか、その企業のウェブサイトでIR情報を調べればわかります。

　あるいは、「株探」や「IR BANK」などの株式投資の情報サイトから企業名で検索すると探しやすいでしょう。

「株探」　https://kabutan.jp/

「IR BANK」　https://irbank.net/

　その際には無配や減配をすることなく、**配当利回り３％前後を保ってきたか、１株当たりの利益（ＥＰＳ）が右肩上がりかも確認**しましょう。

▶　高配当に関する4つの条件

　条件についてまとめますと、

①配当利回り……３％以上

②配当性向……30％くらい

③過去に増配してきた実績あり

④直近、配当が下がっていても回復する傾向が見られるか

　この４つが当てはまると、より確実な「高配当銘柄」となります。

　④については、40ページの「決算が悪くても黒字転換前かを見極める」の項目を参考にしてみてください。

スクリーニング❷
PBR1倍割れの中から「黒字転換」銘柄を探す

▶ PBR1倍以下の割安銘柄を探す

PBR（Price Book-value Ratio）は「株価純資産倍率」 と訳されます。株価が1株当たり純資産の何倍まで買われているかを判断する指標です。一般に、**PBRが1倍以下は割安** と言われています。

東京証券取引所は2023年3月にプライム市場とスタンダード市場に上場している企業の中で、PBRが1倍を割り込む企業に対し、1倍以上にするように要請しています。PBRを1倍以上にするためには自社株買いや増配といった対策で株主還元を強化し、さらには経営の効率性を高め、収益を上げるなどの根本的な対策も必要になります。その結果、株価の上昇も期待できます。

▶ さらに利益がプラスの企業を探す

ただし、PBR1倍割れ企業の中には業績が振るわず、赤字を出している企業もあります。そこで黒字転換していけるのかを確認します。

黒字転換 とは言葉通り、**前期（四半期）の赤字（マイナス）から脱して黒字（プラス）になること** です。

この会社の利益については、損益計算書で使われる3つがあります。

①**営業利益** ……会社の **本業から生まれた利益**

②**経常利益** ……**本業以外の利益** も含めた会社の収益

③**当期純利益** ……最終的な利益から税金を差し引き、**最終的に会社に残ったお金のこと**

　私は、これら3つの利益の中でも、①の**営業利益が黒字転換しているか**に着目しています。

　②の経常利益のプラスは、本業以外の利益、例えば土地の売却やのれんわけ（ブランド売却）などの特別要因が考えられます（場合によっては営業利益よりも経常利益のほうが高くなってしまうこともあります）。それで黒字転換しても、来年は再び赤字に転落するリスクも考えられます。

　営業利益と経常利益はどちらも重要ではありますが、私は**本業から得られる営業利益のほうを重要視**しています。

　また、③の当期純利益が黒字転換するタイミングは、税金の計算もあるため営業利益や経常利益よりもうしろ倒しになる傾向があります。

　なので私は、営業利益が黒字転換している企業を探すようにしています。これは**証券会社が提供するスクリーニング機能**を使えば効率的に探せます。

営業利益・経常利益の黒字転換をチェック

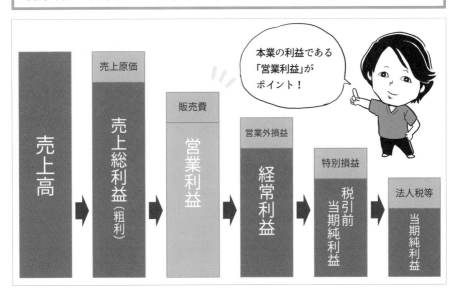

本業の利益である「営業利益」がポイント！

売上高 → 売上総利益（粗利）／売上原価 → 営業利益／販売費 → 経常利益／営業外損益 → 税引前当期純利益／特別損益 → 当期純利益／法人税等

スクリーニング❸ 決算が悪くても黒字転換前かを見極める

▶ 赤字から黒字転換は、復配の可能性大

前項のスクリーニング❷では、営業利益や経常利益が黒字転換しているかを確認すると言いました。**株価上昇が期待できるのは「赤字から黒字に転換したとき」**なのです。

企業の決算発表で「黒字転換」を発表すると、それまで下落していた株価が上昇に転じていくことは珍しくありません。そこで発表前に買っておき、十分に上昇したところで売れば大きな売却益が期待できます。

また配当もそれまで無配なら復配（配当を再開すること）、さらに増配になるかもしれません。そうなれば売却益と配当金の両方が得られます。これは、王道の高配当株への投資とは違いますが、あえて狙ってやることはあります。

▶ 黒字転換する銘柄のスクリーニング法

では、これから黒字転換しそう……という予兆をどうやって見つけるかというと、これも**大前提として前期（四半期）が赤字の企業**から探します。

その企業の**「決算短信」から進捗率**を見てみましょう。進捗率とは、通期の業績予想に対する、四半期ごとの達成率をいいます。そこで四半期で25％ずつ利益を出していけば通期予想が達成できる計算になります。

もし、**第1四半期（1Q）で達成率が25％を超えていれば業績が**

達成できる可能性が高いことになります。赤字企業なら、黒字転換が期待できるのです。赤字企業でなくても、黒字になったばかりの企業なら、上方修正が出るかもしれません。そうなれば株価上昇の期待がもてます。

　四半期業績の進捗率も、証券会社のスクリーニング機能（マネックス証券の銘柄スカウターなど）によってわかる場合もあります。

▶　計画的に赤字にしている企業の事情

　黒字を計上している企業の中には、計画的に2期連続、あるいは3期連続、赤字を出しているところもあります。

　例えば**リストラを計画**している場合などです。日本の法律では解雇

「決算短信」から進捗率をチェック

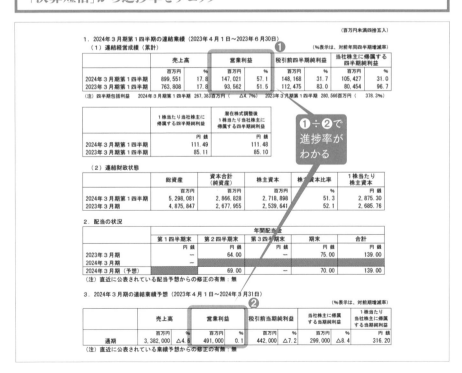

に対して厳しく、黒字より赤字のほうが、リストラが認められやすい傾向にあります。そこであえて経営判断として2期連続赤字にしている可能性があります。

　また、**自社株買いを計画**しているときも、株価を安くするために赤字にすることがあります。

　リストラと自社株買いを考えているなら、赤字になったところで、計画を断行。リストラに必要な退職金を特別損出として計上します。特損にすれば営業損益や経常損益を悪化させずにすみます。その後、株価が下がったところで、自社株買いをして黒字転換するという戦略をとるのです。

▶　あえての赤字ならば割安で買えるチャンス

　ずっと黒字で経営がそれほど悪化していると思えない会社が赤字を出すことがあれば、その背景には何か経営者サイドの思惑があるのかもしれません。**経営者の思惑であえて赤字にして、株価が下落しているのなら、割安で買えるチャンス**になります。

　とはいえ、このような企業の戦略を見抜くのはなかなか難しいと思います。見抜くには経営者側の気持ちになって考えることが大事です。

　私も同じ経営者なので、彼ら彼女らの気持ちは理解できます。そのため、企業のウェブサイトやニュースなどから、どのような経営者なのかは見ています。そして、「全くダメな経営者だな」と思った企業には投資はしません。

　いずれにせよ、黒字転換の発表前に買っておけば株価が上昇するケースが多々あるということです。

　ただ、気をつけたいのは、黒字転換で一時的に株価が上がっても、その後、黒字が続かないケースや業績予想では黒字転換でも、決算で未達になってしまった場合です。そのようなケースでは株価が下がり、安いまま放置される状態に戻ってしまうこともあります。

Chapter1 10

スクリーニング❹
これから上昇しそうな セクターを狙え！

▶ **円安などの局面によって盛り上がる業種は違う**

ここでいうセクターとは「業種」のことです。日本取引所グループでは上場企業を次ページのように分類しています。

そこでこれから盛り上がるセクターを予測して、そのセクターから投資対象銘柄を選びます。

例えば、**円安ドル高**では自動車など輸送用機器、**金利が上昇**すれば金融・保険業、**原油価格の上昇**では商社などの卸売業や石油関連株、**景気が後退**してきたら、食品や電気・ガスなどのディフェンシブ銘柄

景気の循環

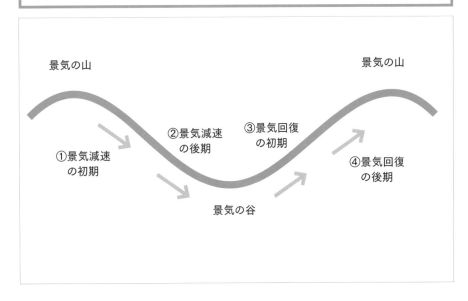

景気の山　　　　　　　　　　　　　　　　　　　　景気の山

①景気減速
の初期

②景気減速
の後期

③景気回復
の初期

④景気回復
の後期

景気の谷

上場企業の業種別の分類項目

業種		業種コード
大分類	中分類	
水産・農林業	水産・農林業	0050
鉱業	鉱業	1050
建設業	建設業	2050
製造業	食料品	3050
	繊維製品	3100
	パルプ・紙	3150
	化学	3200
	医薬品	3250
	石油・石炭製品	3300
	ゴム製品	3350
	ガラス・土石製品	3400
	鉄鋼	3450
	非鉄金属	3500
	金属製品	3550
	機械	3600
	電気機器	3650
	輸送用機器	3700
	精密機器	3750
	その他製品	3800
電気・ガス業	電気・ガス業	4050
運輸・情報通信業	陸運業	5050
	海運業	5100
	空運業	5150
	倉庫・運輸関連業	5200
	情報・通信業	5250
商業	卸売業	6050
	小売業	6100
金融・保険業	銀行業	7050
	証券、商品先物取引業	7100
	保険業	7150
	その他金融業	7200
不動産業	不動産業	8050
サービス業	サービス業	9050

というように予測するのです。判断材料になるのは国内外のニュースです（94ページ）。

これから盛り上がりそうなセクターを予測するのに、景気循環を判断材料にするという方法もあります。

景気循環とは景気は好況と不況を繰り返し、その間に減速期、回復期があるという考え方です。

そして、それぞれの期間には買われやすいセクターがあるとされます。これを**「セクターローテーション」**といいます。

▶ セクターローテーションで買われやすい銘柄

それぞれの期間で買われやすくなる銘柄は、次のように変化します。

①**好況期から景気が後退する減速期**には電力・ガスや食品、日用品といった生活必需品やサービスの業種

②**不況**になると消費は落ち込み、株価は低迷します。そうなると鉄道などのインフラ関係、医薬品などのディフェンシブ銘柄

③**不況から好況への回復期**にはIT関連銘柄など今後の成長が期待されるセクター

④**好況期**には自動車や半導体、金融関連、不動産、鉄鋼、商社など、いわゆる景気敏感株

▶ 日本の今の景気を判断するには？

では、日本の今の景気が好況期なのか不況なのか？　どうやって判断すればいいのでしょうか。

一般的には、金利が上がると企業や個人は資金を借りにくくなり、経済活動が抑えられて景気が後退していき、逆に、金利が下がると景気は回復傾向にあります。

しかし、日本では長らくゼロ金利政策が続き、金利によって、好況・不況を判断するのが難しくなっています。

そこで、日本のセクターローテーションを判断するには、**米国の金利に着目する**ことです。

日本の経済は米国に連動しやすいというのは、みなさんもよくご存じでしょう。日米の経済のかかわりを表す「米国がくしゃみをすると日本も風邪をひく」とは定型句ですし、「前日のニューヨーク市場の下落を受け、日本株も売りが優勢に……」といったニュースももはやお決まりのものです。

日本の景気は、米国に追随する（「カップリング」と呼ばれる状態）と考えていいでしょう。

▶ **次に来るステージの銘柄を仕込んでおく**

例えば2023年11月現在の状況でいえば、私は、**①の好況期から景気が後退する減速期**に向かっていると考えます。**電力・ガスや食品、日用品などの生活必需品（サービス）の業種が狙い目**となります。

この時期、米国の長期金利が急上昇しました。また、日本では2024年4月にマイナス金利政策の解除が行われると予想されています。そうなると、米国も日本も景気は後退していくと考えられます。

では、日本はそれまで好況期だったのかといえば、2023年6月に日経平均が約33年ぶりに3万3000円台をつけたくらいなので、実は好況期だったと言えます。

現在の経済状況がどのステージなのかを判断して、次に来るステージの銘柄を仕込んでおけば、株価の上昇による利益や配当益が期待できるというわけです。

4つの相場サイクルについては、Chapter 3（118ページ）でも詳しく解説します。

Chapter1 11
スクリーニング❺
株価チャートに目を通し、底打ち反転銘柄を発掘

▶ 相場が崩れたときはチャンス

Chapter 2のチャートパターンの解説で詳述しますが、チャートに目を通すのもスクリーニングのひとつだと思っています。

配当利回り3%の銘柄をスクリーニングしたら、チャートを見ます。**見るべきチャートは下落傾向、もしくは下落中のチャートで探すのは底打ち反転銘柄**です。日足を見て、週足、月足と見ていきます。

下落傾向の銘柄を探すのは、できるだけ割安で買いたいためです。特に日経平均株価が下がり、**相場が崩れてくるときが普段買えない高配当な割安銘柄を探すチャンス**と言えるでしょう。全体の相場が上がっているときには個別銘柄も全面高になることが多く、安く取り残されている出遅れた高配当銘柄を探すのは難しいものです。

日経平均が上がって、相場が熱狂しているときに銘柄を探し始める投資家が多いのですが、そのようなときには割安で買える優良な高配当銘柄はほとんどないと思ったほうがいいでしょう。

▶ 「今買わないと出遅れる」はウソ

相場が崩れたときが割安で買えるチャンスととらえ、エントリーできるようになるには自己制御力が必要です。

自己制御力というのは自分自身をコントロールできる力と置き換えればいいでしょう。

相場が熱狂しているときには、「今買わないと出遅れる」「儲け損ねる」という強欲的な感情を制御できずに、トレードしてしまう人が多

いのです。その結果、とんでもない高値づかみになることが多々あります。

　株価が上がれば配当利回りは低くなり、株価が下がれば配当利回りは高くなります。

　例えば配当金が50円とすると、株価1500円なら配当利回りは約3％、ところが株価が下落して1200円になれば配当利回りは約4％です。同じ金額でも安く買ったほうが、利回りは高いのです。

　ですから、**相場が過熱して高値になっているときは一歩引いて下落を待つことが大事**です。

　高配当投資は長期保有が前提です。「今、買わないと出遅れる！」などということはまずありません。

　買いたい高配当銘柄があっても、相場が高いときには何もせず、資金を温存します。崩れ始めたときに買い出動できる投資家が、成功する投資家と言えるでしょう。

株価が下がれば配当利回りは高くなる(1株配当200円の場合)

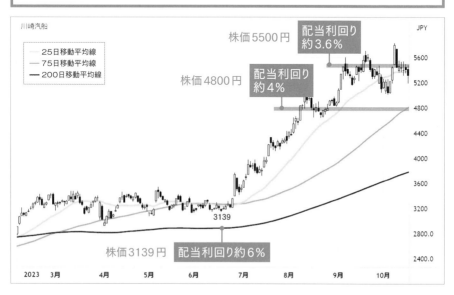

Chapter1 12 | スクリーニング❻ 75日移動平均線への接近で割安かを判断

▶ **下落して75日線や200日線へタッチするか**

　下落基調の株価チャートでは、ローソク足が75日移動平均線か200日移動平均線にタッチしている銘柄を探します。

　下落して75日移動平均線あるいは200日移動平均線に達すると、株価は割安になり、下落から反発しやすい傾向にあるからです。

　ただ、75日線や200日線にタッチしたところでトレードしようとするとトレードの回数は減ります。

　もっと頻繁にトレードしたいなら、25日移動平均線に接近、もし

移動平均線へのタッチ

ソニーグループ

凡例：
- 25日移動平均線
- 75日移動平均線
- 200日移動平均線

75日線にタッチ

200日線にタッチ

2023　5月　6月　7月　8月　9月　10月　11月

JPY
14000
13600
13200
12800
12400
12000
11600
11200
10800

くはタッチするかどうかで売買する方法もあります（資金の回転率が早まります）。ただし、75日線や200日線にタッチするまで待つとトレード回数が少なく感じたり、それは機会損出になると考えるのなら、長期保有の高配当投資には向いていないかもしれません。どちらかというと小刻みに売却益を取る「リズムトレード」に向いています。

25日線タッチでトレードすると、株価はそれを割って75日線まで下がる可能性があります。そこで、25日線でトレードする場合は、10％下がったら損切りといったルールを決めたほうがいいでしょう。

▶　エントリーするまでの4ステップ

これは補足になりますが、私は6カ月に1回、東証プライム市場、スタンダード市場に上場している全銘柄の日足・週足のチャートを見ています（全銘柄を見て、さらに決算内容を深掘りするときには、「株探」というサイトを利用しています）。

チャートを見て、エントリーするまでの手順を紹介しましょう。

①**チャートを見て、75日線や200日線にタッチしているか、しそうな銘柄**をチェック。

②次に**決算内容**を見ます。**増収増益など、決算の内容がよく、配当利回りも3％前後**なら、今後の株価の推移を見守る監視銘柄にしてメモしておく。

③その後、さらに下がって**75日線や200日線を下回ったときに買うかを判断**。

④**実際に買う際には、その銘柄の業種や景気サイクルがこれから盛り上がりそうなセクターか**、社会情勢やニュースを参考に決める。

基本はチャートの動きを見て銘柄を選別し、決算内容やニュースも参考にして、エントリー銘柄を決めています。

Chapter1 13

スクリーニング❼
花道の裏を行くこと、 「仮説と度胸」が大事！

▶ 投資では人と同じことをしない

これは経験則や感覚的なスクリーニングの話になってしまうかもしれません。私が**銘柄選びの際に気をつけているのは、「人と同じことをしない」**ということです。

相場の格言に「人の行く裏に道あり花の山」というものがあります。

人が大勢集まってにぎわう場所から外れ、裏道を行くと思いがけず花見を楽しむことができる——というのを詠んだ千利休の句です。

私は、相場が上昇基調で投資家が熱くなっているときには相場から距離をおき、下落基調になって人々が恐怖しているときにトレードするようにしています。これも〝花道の裏を行く〟ということになります。

▶ 株価下落の悲観ムードに同調しない

前項のスクリーニング❻では、下落トレンドのチャートを見て、25日線を割り、75日線を割り、200日線に接近しているような銘柄こそがチャンスだとお話ししました。しかし、ほとんどの投資家は「こんな下落銘柄は買えないな」とためらうことでしょう。そんな悲観ムード一色になっているときにそれに同調するのではなく、その先を予測して買うかどうか判断できることが大事なのです。

高配当投資はいったん利益確定することがあっても、基本は長期保有です。ですから、**今は下落して低迷していても、1年先、2年先、場合によっては5年先には上昇する可能性**もあります。

▶ 百貨店や地銀の凋落を疑ってみる

例えば百貨店。以前から、新聞、雑誌などさまざまな媒体で「もう百貨店の時代は終わった」「大型デパートの凋落」「売り場には閑古鳥」といった内容の記事がしばしば特集され、追い打ちをかけるようにコロナ禍で一気に株価は下落してしまいました。

ここでほとんどの投資家が見捨ててしまいましたが、私は「本当にそうかな？」と疑ってみたのです。冷静になって、「コロナ禍が終われば復活する」「再びインバウンドの恩恵がある」と考えられれば割安で買えます。

実際に**髙島屋**（8233）の株価は2020年の最安値から2023年10月13日には約3倍に復活しています（次ページ）。

実際に私がトレードした銘柄では、2018年に**清水銀行**（8364）、**神戸製鋼所**（5406）を買ったときがそうでした（53・54ページ）。

清水銀行をはじめとする地銀は、超低金利による貸し出し利ざやの縮小などで決算が赤字に転落したり、不正融資問題などの事件があったり、明るい未来を描けない「オワコン」の業種だと思われていました。

また、神戸製鋼所では、製品が顧客仕様や公的規格を満たしていないにもかかわらず、製品の検査データを改竄し、顧客に販売していた問題が発覚し、株価は大きく下落していました。

ところが、清水銀行も神戸製鋼所も配当利回りは良かったのです。

また、私は悪いニュースや経済情勢からも、その後の業績回復はあり得ること、そして長年の投資歴からの勘で高配当株はいずれ注目されるようになるとも判断できました。このような複眼的な要素から再び株価は上向くと確信しました。

そこで私は、安値をチャンスととらえ、買いエントリーし、株価が

髙島屋の週足チャート

髙島屋

― 13週移動平均線
― 26週移動平均線
― 52週移動平均線

8/14
2286

JPY

株価が
約3倍に！

699
7/27

2200.0
2000.0
1800.0
1600.0
1400.0
1200.0
1000.0
800.0
600.0

2020　　2021　　2022　　2023

清水銀行の週足チャート

清水銀行

JPY

― 13週移動平均線
― 26週移動平均線
― 52週移動平均線

売り

買い①

買い②

3750
3500
3250
3000
2750
2500
2250
2000
1750
1500
1250

2018　2019　　2020　　2021　　2022　　2023

下がったところではさらに買い増しをしていきました。

　その結果、清水銀行と神戸製鋼所は高配当を確保しつつ、5年間の保有で十分なキャピタルゲイン（含み益や売却益）も得ることができました。

▶　仮説を立てて、最後は度胸が大事！

　ここまでスクリーニングという言葉を使って、銘柄選択の目安について解説してきました。

　ただ、私は**スクリーニングで条件を設定し、その条件を目安に銘柄を抽出していくだけでは不十分**だと思っています。

　仮説を立て、最後は「買う」度胸も必要です。

　前述したように、ダメだと言われ続けた銘柄、例えば今（2023年11月現在）なら、アパレル関係のような銘柄です。

　それが、75日線を割り、200日線に接近しているとき、やはりダ

神戸製鋼所の週足チャート

神戸製鋼所

- 13週移動平均線
- 26週移動平均線
- 52週移動平均線

JPY
2200.0
2000.0
1800.0
1600.0
1400.0
1200.0
1000.0
800.0
600.0
400.0
200.0

買い①
買い②
前の高値に並んで売り

2018　2019　2020　2021　2022　2023

メだと思って投資対象にしない——のではなく、できるなら別の見方もしてみることです。例えば、「リストラが一段落し、経済状況がこうなって、そのセクターが注目されるようになったら、復活できるのではないか？　株価が上がり増配が期待できるのではないか？」と仮説を立ててみるのです。

　その上で勝算が確信できれば、買いエントリーします。配当をもらいながら、保有しつづけ、株価が十分に上昇したところで売れば配当と売却益の両方が獲得できます。

　そして最後に必要なのが、度胸です。

　みんながダメだと思っているときに買って、みんなが熱狂しているときには静観しているには度胸が必要です。悲観したい熱狂したいという本能に逆らって行動するのですから、怖いと思います。

　しかし、勝敗を分けるのは、「花道の裏を行く」度胸なのです。

配当金や売却益が
非課税になる新NISA

　通常は株式や投資信託などで得た売却益や配当には約20%の税金がかかります。

　これらの利益が非課税になる税制優遇制度がNISAです。非課税の優遇を受けるには「NISA口座（非課税口座）」を開設する必要があります。このNISA口座が開設できるのは18歳以上でひとり一口座に限られています。

　NISAは2014年から運用が始まりましたが、2024年1月からはそれまでの制度がさらに拡充されます。すでにNISA口座を開設していれば自動的に新NISAの口座に移行されます。

　ここでは、新NISAについて簡単に解説しておきます。新NISAには「つみたて投資枠」と「成長投資枠」の2つの制度があります。

■ 1800万円まで非課税のオイシイ制度

　つみたて投資枠は、金融庁が定めた基準をクリアした金融商品の中から銘柄を選び、毎月一定額で投資をしていく制度です。成長投資枠は、上場株式や投資信託などに投資できる制度です。

　それぞれの枠には年間投資額の限度があり、**つみたて投資枠は年間120万円、成長投資枠は年間240万円まで、非課税保有期間は無制限で、非課税保有限度額は両方を合わせて1800万円です。**これまでのNISAは、つみたて投資枠と成長投資枠を併用することができませんでしたが、新NISAからはできるようになります。

　成長投資枠を使用して高配当株投資を行い、NISA口座に配当金を振り込んでもらえば**約20%の税金がかからないし、売却益にも税金はかかりません。**上手に利用して節税したいものです。

有望銘柄をこっそり仕込む!

最強チャート パターンの 見つけ方

株価チャートの見方
割安なところで買うにはチャートは必須!

▶ 投資では人と同じことをしない

高配当投資の対象となる銘柄のスクリーニングについて解説した際、チャートに目を通すのもスクリーニングのひとつと書きました。ここからは詳しく株価チャートの見方について説明していきましょう。

高配当投資の本でチャートの見方、テクニカル投資について述べている本はほとんどないかと思います。

しかし、配当をもらいながら、売却益も狙っていくのであれば、**チャートを確認して株価が割安になったところで買う戦略**をとらなければ資産を増やせるとは思えないのです。

私は東証上場(プライム・スタンダード市場)の大型銘柄にしぼって取引しています。大型銘柄というと新興市場ほどには大きく上げ下げしないイメージがありますが、それでも数日のうちに10%、20%上げたり下げたりすることはあります。

買いたい銘柄を見つけたら即エントリーすればいいわけではなく、できるだけ割安な位置で買うことが大事です。

そこでチャートで株価がどのような位置にあるとき、割安と判断でき、どのタイミングでトレードするかを述べていきます。

▶ 日足、週足、月足の順でチェックして安値を見る

チャートはローソク足を使い、最初に日足を見て、次に、週足、最後に月足と見ていきます。

Chapter 1のスクリーニング❻の項でもお話ししたように、日足で

購入を検討している銘柄が下落トレンドにあり、75日線か、200日線に接しているか、あるいは割っているかを確認します。

　エントリーじたいは日足で判断しますが、週足や月足で過去の安値を確認します。これで日足では確認できなかった安値がわかり、その安値まで株価が下がるのを待つという作戦も立てられます。

▶ 月足チャートで見たらチャンスが来ない⁉

　だからといって、**月足で確認できた安値を待ってエントリーしようとするといつまでたっても買いエントリーできない可能性**があります。

　日経平均株価の歴史を振り返ってみると、バブル経済崩壊後の下落は2000年のITバブル崩壊を経て、03年4月には7607円まで下がっています。その後は上昇したものの、08年9月のリーマンショックに端を発した景気悪化で10月28日には一時、6994円の安値を記録。そして、2011年3月11日（金）に起こった東日本大震災を機に3月

日経平均株価の歴史を振り返る

日経225

JPY

イラク戦争開始

東日本大震災

リーマンショック

ITバブルの崩壊

コロナショック

32500
30000
27500
25000
22500
20000
17500
15000
12500
10000
7500
5000

1998　2002　2006　2010　2014　2018　2022

15 日には前日比 1015 円安の 8605 円をつけています。

　記憶に新しいところではコロナショックがあります。2020 年 3 月 19 日には前日比 173 円安の 1 万 6552 円で終え、16 年 11 月 9 日以来 3 年 4 カ月ぶりの安値をつけました。

　日経平均が大幅に下落しているときには当然、個別銘柄もかなりの安値をつけています。

　個別銘柄の月足チャートを見ると、数十年に一度の日経平均株価の歴史的な暴落時に、たいてい最安値をつけています。ですから、日経平均の暴落を待っていると、なかなか買い場は訪れないということになります。

　月足で安値を確認するときには、大きく下落した原因はリーマンショックやコロナショックなど 10 年に一度ぐらいの歴史的な出来事があったからではないかと、その背景を理解することも大事です。

▶　月足で買い場を確認　①ヤマハ

　例えば、**ヤマハ**（7951）の月足チャートを見てみましょう（次ページ）。

　2008 年のリーマンショック後には 730 円、11 年の東日本大震災後には 654 円まで下がっています。

　そこまでの安値を待つというのは、歴史的な暴落が起こるのを待つことと同じかもしれません。すると **10 年以上は買い場が来ない可能性**があります。もちろん、そう割り切って投資をするのであれば、悪いことではありません。

　実は大口投資家の中には、このような暴落やリセッション（景気後退）を待って、10 年に 1 回しかトレードをしない人もいます。しかし、一般の人がマネしても、10 年に 1 回の投資で資産を増やすのは難しいのではないでしょうか。

　ただし、月足のチャートからは、大事な視点もわかります。現在、

ヤマハの月足チャート

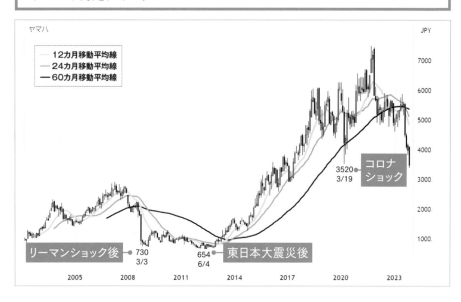

ヤマハ

JPY

- 12カ月移動平均線
- 24カ月移動平均線
- 60カ月移動平均線

7000.

6000.

5000.

4000.

コロナ
ショック

3520
3/19

3000.

2000.

1000.

リーマンショック後

730
3/3

654
6/4

東日本大震災後

2005　2008　2011　2014　2017　2020　2023

ソニーグループの月足チャート

ソニーグループ

1/5
15725

JPY
16000

14000

- 12カ月移動平均線
- 24カ月移動平均線
- 60カ月移動平均線

12000

10000

8000

6000

4000

1491
2/24

772
11/15

2000

2002　2005　2008　2011　2014　2017　2020　2023

3000円台をつけていても、リーマンショックのような出来事が起こり、株価の低迷が続けば654円まで下落する可能性があるということも示しています。

　ただ、実際にそこまで下落するかというと、当時と現在とでは経済状況が異なり、私は一気にはそこまでは落ちないと考えています。下落するとすれば2020年3月に起こったコロナショックの安値3520円あたりでしょう。

▶　月足で買い場を確認　②ソニーグループ

　ソニーグループ（6758）の月足チャートでも確認してみましょう（前ページ）。

　リーマンショック以降、下落が続き、東日本大震災後には700円台の安値をつけ、2015年ぐらいまで株価は低迷しています。

　その背景には業績の悪化もあります。2014年5月14日に発表した同社の決算では2013年度の連結業績では約1284億円の赤字を計上しています。業績を立て直すため、ソニーグループは品川にある本社ビルを売却、さらにリストラも行っています。

　では、再び、ソニーグループが本社を手放すほどの業績不振に陥り、株価が700円台をつける日が来るかと言えば、直近の決算からはその可能性は限りなく低いと思います。ですから、月足で確認した700円を待っても買い場はよほどの出来事が起こらない限り、来ないことを意味します。

　このような例から、**チャートから安値を探るときには月足より、日足や週足を参考に**するほうが適していると言っていいでしょう。

Chapter2 15 ▶ 移動平均線乖離率 高配当投資をするのに 最適なのは75日線

▶ 極端な株価は平均へ回帰していく

　株価が75日線や200日線に接近したり、割ったりすると割安と判断できると、何度か述べてきました。ここでは、移動平均線と値動きの関係、それをどうトレードに活かすかについて解説していきます。

　移動平均線というのは、ある一定期間の終値の平均値をつなぎ合わせた折れ線グラフです。25日線は25日間、75日線は75日間、そして200日線は200日間という時間の中で、株価がどう動いているのかを見るものです。つまり、**移動平均線とは株価の「時間軸」**ととらえることができます。

　株価は移動平均線から離れているとき、いつか移動平均線に戻ろうとする性質があります。これは「平均への回帰」と言われる統計的な現象です。極端な結果や誤差は、試行回数を増やすと平均的な値に収束していくというものです。

▶ じっくり戦おうとするなら75日線を判断基準に

　平均への回帰という性質を利用すれば、**上昇にしろ下落にしろ、株価が移動平均線から離れたところで売買するチャンス**が生まれます。

　単純に言えば、株価が75日線を割ったら買い、75日線まで戻ったら売却すれば利益が出ることになります。実際はこれほど単純ではなく、複雑な動きをしますが、売買の目安にはできます。

　25日線だけを目安にしたトレードでは、株価が25日線とどのくらい乖離したか（乖離率）を基準に売買していきます。すると3日から

1週間ほどで売買を判断し、トレードしていく必要があります。

　本書の高配当投資では、売却益を狙うにしろ、中・長期が基本です。すると25日線は短期売買になってしまい、適さないと言えます。

　75日線は2カ月あまりの平均値なので、短くても3カ月、だいたい6カ月から12カ月以上の中・長期戦には適しています。200日線はさらに長く1〜3年の長期戦です。75日線も200日線も25日線より、ゆっくりと自分の時間軸で戦うことができます。

　どの移動平均線を基準にするか、これには正解はありません。

　ただし、**高配当投資でじっくり戦おうと思っているなら、75日線を判断基準に**したほうがいいと思います。

▶ 移動平均線乖離率は気にしない

　一般的には**株価が移動平均線から10％ほど乖離すると、天井圏や底値圏のサイン**とされています。これを応用するなら、株価が75日線を割って、10％乖離したら底と判断でき、買いエントリーになります。移動平均線乖離率の計算式は、以下のようになります。

{(終値－移動平均の値)÷移動平均の値} ×100

　例えば、終値が1600円、75日線の値が1450円の場合、乖離率は約10％となります。しかし、私は10％乖離というパーセンテージにはこだわる必要はないと思っています。実際、私自身も乖離率でトレードしたことはありません。

　乖離率を意識しすぎると10％上がったら、天井圏なので売却して利益確定、また10％下がったら底値圏なので買いという細かな売買になってしまいます。東証上場の大型銘柄でも、数日で10％の上昇や下落というのは割と頻繁に見られます。

　そのような頻繁な売買は、長期保有の高配当投資ではないと思うの

です。ですから、乖離率は気にせず、チャートを見て、75日線から「かなり離れている」と思えば買いを検討するので十分でしょう。

▶ 75日線から「かなり離れている」例

　Chapter 1のスクリーニングでも書きましたが、私は全銘柄の日足チャートを見ています。下の**三菱電機**（6503）のような75日線を割っている銘柄があれば、監視銘柄としてパソコンのメモ帳に銘柄名を残しておき、その後の株価の動きを観察します。そして、200日線に接近したら、買うかどうかを検討します。

　移動平均線乖離率を表示できる証券会社などのツールもありますが、わざわざ乖離率を調べなくても、チャートを見ればローソク足が200日線に接近して、75日線とかなり乖離していることはわかります。例えば、2023年8月21日のローソク足は75日線から乖離していますが、このときの株価（終値）は75日線からの乖離率が約12%です。

株価が75日線から「かなり離れている」例（三菱電機）

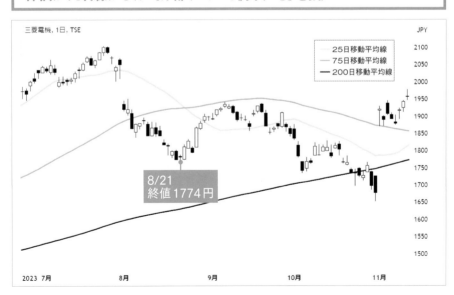

リスク・リターン
日足→週足の順で見て 安値にラインを引く

▶ 安値にラインを引いてリスク・リターンを推測

株価が日足で75日線を割ったとき、週足を表示して安値にラインを引き、現在の株価がどの価格帯にあるのかを確認すると割安の判断基準になります。

次ページは、**ヤマハ**（7951）の日足と週足のチャートです。

まず週足チャートを見ると4355円、4380円あたりが安値と予測できます。次の安値は2020年3月19日のコロナショックでつけている3520円です。

すると、日足の3500円前後は75日線からかなり離れ、しかも節目で底値圏とも予測できます。この近辺を割安で買うポイントととらえてもいいでしょう。

▶ チャートは日足→週足の順で安値を確認

次に、日足より広範囲の週足チャートを見て、安値を結んだラインより、株価が位置する価格帯は上か下か、どちらのほうが多いかを見てみます。

週足チャートの3500円あたりにラインを引きます。そのラインより下がリスク、上がリターンに当たります。

リスクというと「危険・損する」という意味で使われますが、ここでいう**リスクとは「上下の振れ幅の中でリターンが不確実なこと」**ととらえてください。

リターンとは、投資によって得られる収益です。ラインを引いた上

ヤマハ日足チャート

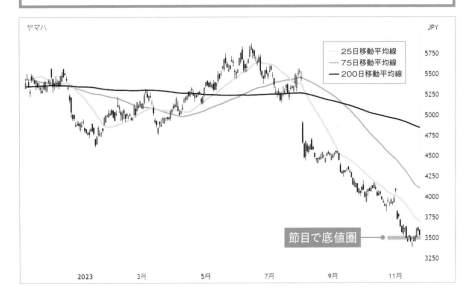

ヤマハ

- 25日移動平均線
- 75日移動平均線
- 200日移動平均線

節目で底値圏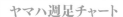

ヤマハ週足チャート

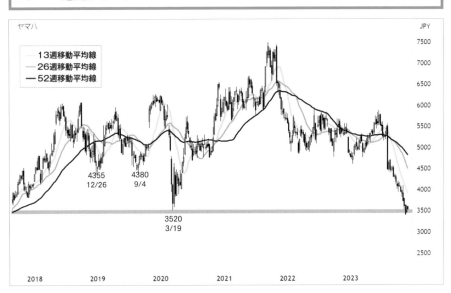

ヤマハ

- 13週移動平均線
- 26週移動平均線
- 52週移動平均線

4355
12/26

4380
9/4

3520
3/19

の部分は、収益が得られるチャンスの大きさととらえてください。

　週足チャートに 3500 円あたりでラインを引くと、**圧倒的に上のリターンのほうが多い**とわかり、リスク (振れ幅の中でのリターンの不確実性) よりリターンのほうが優っていると判断できます。

　このように、日足で安値を見て、さらに広範囲の週足チャートを使って、リスク・リターンの割合を推測し、エントリーを決めるのもいいと思います。

▶ 適正なリスク・リターン割合は2:8

　次に、**三菱電機**（6503）の週足チャートで、リスク・リターンの割合を見てみましょう。

　私だったら、**1400 円のあたりでライン**を引きます。これもより下がリスク、上がリターンとして、**2：8 ぐらいで上のリターンのほうが多く**なります。1400 円近辺で買って、前の高値の 1800 円近辺で売

三菱電機の週足(リスク・リターン＝2:8)

るイメージです。

　しかし、人によってはもっと大底を狙って、**1200円のあたりでラ**
インを引くという人もいるでしょう。そうすると**１：９くらいの割合**
でリターンのほうが多くなります。これは利益が増えていいことのように思えますが、半面、買えるチャンスは減ります。５年間で見ると、1200円近辺をつけたのはたった３回です。

　ラインを引く位置を下げるほどにリターンは増えますが、買い場は減ります。逆に、ラインを引く位置を上げればリターンは減り、買い場は増えます。

　私は、**リスクとリターンの割合が２：８ぐらいが適正**と考えています。買い場が何度か訪れつつ、利益確定したときの売却益も望めます。

　なお、1400円あたり、1200円あたりという場合、それに近い範囲のところ、数十円上のあたりまでも含めて、買い場を狙います。厳密に1400円、1200円を狙うわけではありませんので、ご注意ください。

三菱電機の週足(リスク・リターン＝1:9)

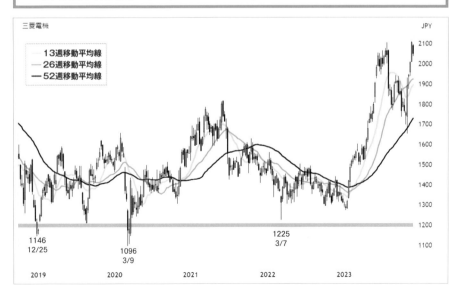

買いエントリー❶
上昇時の「順張り」4割、下落時の「逆張り」6割

▶ **順張りと逆張りを使い分ける**

エントリーの方法には、**「順張り」と「逆張り」という2つの手法**があります。

順張りとは、相場が上昇トレンドで株価が上がっているときに買い、さらなる上昇を狙う手法です。

逆張りは、その反対で下落トレンドで株価が下がっているときに株価の下げ止まりや反発して上がるのを予測して買う手法です。

これはどちらがいいかではなく、順張りが得意な投資家もいれば逆

エントリーの方法──「順張り」と「逆張り」

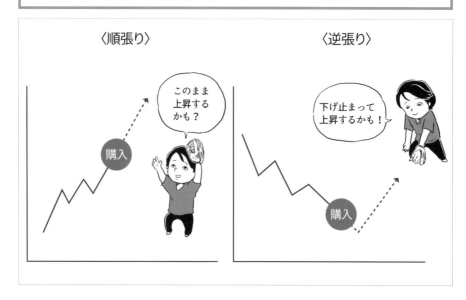

張りが得意な人もいます。私は両方でトレードしていますが、**逆張り6割、順張り4割**といったところです。では、どのような局面で逆張りと順張りを使い分けるかについて、説明していきましょう。

▶ 日経平均を使って「順張り」する方法

　最初に日経平均の日足チャートで75日線とローソク足の関係から、相場がこれからどう動くか、どのようなトレンドが来るかというシナリオを描きます。

　2023年8月末日ぐらいまでは75日線に沿って上昇してきています。このようなとき、75日線を株価が超えるか、超えないかを意識します。75日線を超え、3万3000円〜3万5000円まで上がるというシナリオを描くなら、個別銘柄も上昇していくと判断できます。

　そこで日経平均株価が75日線を超え、**上昇トレンドが明確に出たら、まだ上がりきっていない高配当銘柄、もしくはいったん上昇の小**

上昇トレンドの初期に買う「順張り」

休憩に入っている高配当銘柄を探して、買っていきます。これが「順張り」です。

　このとき、すでに相場が過熱していたら、すぐに買いエントリーするのではなく、株価が日柄調整（買いと売りが拮抗したもみ合い状態が続くこと）で下がり、75日線に接近するのを待って買いを入れると、比較的安全で利益も出しやすいと思います。

▶　75日線を上値抵抗線と見て「逆張り」する方法

　また、**75日線は上値抵抗線になる**こともあります。**75日線に頭を押さえられ、超えられず3万円まで下落するというシナリオを描くなら、個別銘柄も弱いと推測できるので「逆張り」**になります。

　そこで下落トレンドが明確になったときに、75日線を割った銘柄や200日線に接した銘柄を買っていきます。あるいは、前の安値などで下げ止まりそうなポイントを予測して買いを入れていきます。

下降トレンドからの反転を狙う「逆張り」

買いエントリー❷
チャートと節目を目安に分割してエントリーする

▶　必ず分割で買い、資金投入は一度にしない

　順張りでも逆張りでも、買うときには、資金を分割して買います。一度に全資金を投入することはしません。

　順張りなら上昇の初期に1回目、前の高値を抜いたときに2回目……というように上昇トレンドを確認しながら資金を入れていきます。

　逆張りなら、下落の初期に1回目、さらに下がれば2回目……と入れていきます。買うときには今が底値かと予測はしているものの、必ず当たるとは限りません。そこで、さらに下がれば資金を入れて買

分散投資では資金を分割して購入

うというスタンスで臨みます。

▶ 買うときには3回ぐらいに分割する

　例えば、次ページの**三菱電機**（6503）では、資金を3回ぐらいに分けて買う想定をしていました。

　日足チャートで見ると、**200日線に接したときに1回目**の買いを入れます。ただし、日足では200日線で反発が予測できますが、週足を見ると下落の可能性もありそうです。

　下落すると1600円が心理的な節目になりそうです。そこで**1600円まで下落したら2回目**の買いを入れる作戦を立てます。さらに**下落して前の安値までいけばそこで3回目**を入れていきます。

　この場合、実際には1600円までは下がらずに、安値1651円をつけて大きく上昇していきました。

　予測と実際が違うことはあっても、このように**チャートと心理的な節目を目安に作戦を立て、分割買いをしていくことで、勝率は上がる**と思います。

▶ 分割投資では投資シナリオが大事

　順張りでも逆張りでも、初めにどうやって投資するかのシナリオを立て、分割で投資していくことが大事です。

　日経平均株価がどうなっていくのか、個別銘柄はどう動くのか、未来予測が大事なのです。現在進行形の相場に合わせて、上がったから順張りで買う、下がったから逆張りで買う……ではなくて、まずは株価がしばらくどちらに動くのか自分なりにシナリオを立てることです。

　その上で、どこで買っていくかを判断していかないと、**順張りでは割安どころかかなりの高値で買ってしまったり、逆張りでは大底を迎える前に資金が底をついてしまったりする**など、いたずらに資金が出ていくばかりになってしまいます。

三菱電機の日足チャート

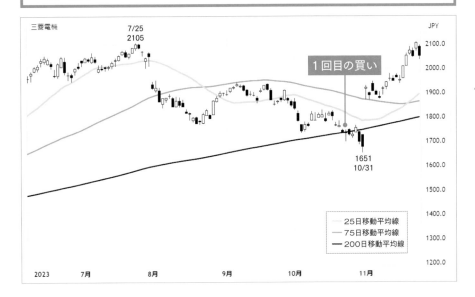

三菱電機

7/25
2105

1回目の買い

1651
10/31

- 25日移動平均線
- 75日移動平均線
- 200日移動平均線

2023　7月　8月　9月　10月　11月

JPY
2100.0
2000.0
1900.0
1800.0
1700.0
1600.0
1500.0
1400.0
1300.0
1200.0

三菱電機の週足チャート

三菱電機

- 13週移動平均線
- 26週移動平均線
- 52週移動平均線

7/25
2105

下落の
可能性？

2022　4月　7月　10月　2023　4月　7月　10月

JPY
2100.0
2000.0
1900.0
1800.0
1700.0
1600.0
1500.0
1400.0
1300.0
1200.0

テクニカル指標❶
RSIやボリンジャー
バンドは見ない！

▶ RSIやボリンジャーバンドとは？

　現在の株価が高値圏か、底値圏かを判断するテクニカル指標として、よく知られているものに **RSI（Relative Strength Index：相対力指数）** や**ボリンジャーバンド**があります。

　RSI とは、買われすぎか売られすぎかを判断する指標で、0 〜 100％の数値で示されます。一般的に 70 〜 80％以上で買われすぎ、20 〜 30％以下で売られすぎと判断されます。

　ボリンジャーバンドとは、移動平均線とその上下に２本か３本ずつ

RSIとは？

のラインとともに表示されている指標です。ラインはσ（シグマ）という記号で表記されます。

　ボリンジャーバンドでは株価は高い確率で＋2σと－2σのラインの間で動き、統計学上では＋2σと－2σの間に収まる確率は95.45%とされます。そこで＋2σに接するか、超えたら買われすぎなので売りサイン、－2σに接するか、下回ったら売られすぎなので買いサインとして売買の判断に使われています。

▶ 売買サインはチャートにすべて現れる

　ただ、私は、テクニカル指標として知られているRSIやボリンジャーバンドを売買の判断に使うことはほとんどありません。なぜなら、**売買のサインはすべてローソク足と移動平均線という標準的なチャートに現れている**と思うからです。

　RSIの数値を見なくても、チャートが上がって前の高値を抜いてい

ボリンジャーバンドとは?

Chapter 2　有望銘柄をこっそり仕込む！ 最強チャートパターンの見つけ方

けば高値圏に近づくし、下落すれば底値圏に近づく。投資家の心理も過熱しているか、弱気なのか……チャートにすべてが現れています。

▶ 移動平均線以外のテクニカル指標は使わない

ボリンジャーバンドでは「−2σ」を割ると下落傾向にあると判断できますが、チャートを見るだけでもローソク足は陰影をつけて続落しているのでネガティブな値動きだとわかります。

反対に「+2σ」に沿ってローソク足が並んでいれば、「バンドウォーク」と言って上昇傾向の強い動きと判断できるのですが、これもローソク足だけを見てもわかります。

ですから、RSIやボリンジャーバンドで判断する必要性をそれほど感じないのです。むしろ、そういった指標に頼りすぎるのは危険なのではと思います。株価の動きが自分の判断ではなく、それらの指標を介して見ることでなんとなくわかった気になってしまうからです。

ローソク足と移動平均線チャートで判断する

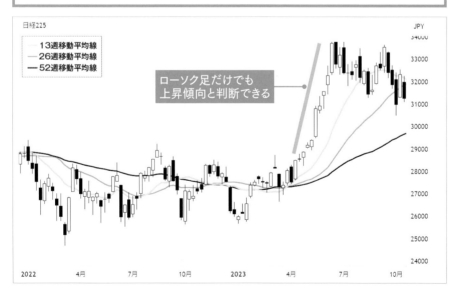

Chapter2 20

テクニカル指標❷

チャートの値動きを見て「審美眼」を養う

▶ チャートを見て感じることが大事

株価は日々動いています。ローソク足と移動平均線からなるチャートを見て、目を肥やし、自分の審美眼をこのチャートによって培っていくことが大事です。

私はボリンジャーバンドを見なくても、ローソク足の陰線と陽線の並び方を見れば、値動きの強弱がわかり、ここはバンドウォークになってくる、ここはおそらく「-2σ」だろう、RSIでは70%以上、20%以下のはず……などとイメージできます。

RSIやボリンジャーバンドを見て株価の動きを確認するのではなく、チャートをそのまま受け止めて見て、感じることが、すごく大事だと思うのです。**チャートから株価の動きを直接、感じられるようになる……それが審美眼を養う**という意味です。

審美眼を養うには、絵画でもそうですが、作品を数多く見ることです。ですから、多くの銘柄の日足、週足、月足……などたくさんのチャートを見ること、RSIやボリンジャーバンドを介さずにじかにチャートに触れることが、審美眼を養うには必要なのです。

▶ ボリンジャーバンドに頼って買い場を逃すことも

では、**ヤマハ**（7951）のチャートで説明しましょう。

ヤマハの日足チャートに、ボリンジャーバンドを表示させてみましょう。すると「-2σ」にタッチしている局面があります。ボリンジャーバンドから判断すると、これはかなり下げ足が速い局面です。買

い場というより、ボリンジャーバンドに沿って値動きする**「バンドウォーク」を期待して、空売りを入れるか、買っていたら損切りして逃げたほうがいいと判断する人も**いるでしょう。

しかし、日足チャートだけを見てみると、

・75日線からも200日線からも大きく乖離

・前の安値も抜けている

したがって、下げ止まって上昇していくかもしれません。絶好の買い場の到来のようにも見えます。もし分割で買っていたら、買いを追加する場面です。

ボリンジャーバンドに頼っていると、この下落局面が逃げ場としか見えず、買い場と判断できなくなる恐れがあるのです。多くの人が参考にしているテクニカル指標に従ってトレードするのではなく、ほかの人が逃げている局面で買っていく——。人と違った行動ができるようになると、投資はもっとおもしろいものになっていくと思います。

ヤマハの日足チャート

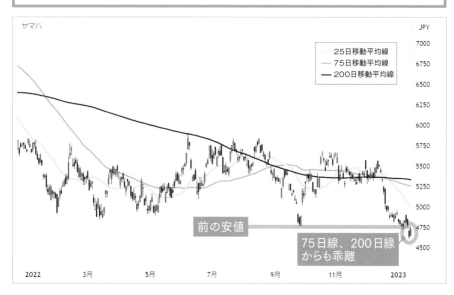

ボリンジャーバンドを表示させると……

ヤマハ　　　　　　　　　　　　　　　　　　　　　JPY

バンドウォーク？

その後の値動き

ヤマハ　　　　　　　　　　　　　　　　　　　　　JPY

― 25日移動平均線
― 75日移動平均線
― 200日移動平均線

下げ止まり

エントリーポイント
売買回数は増やさず、勝敗の決め手は待つ!

▶ 勝率の高いエントリーポイントまで待つ

　高配当投資では、売買回数は増やすよりも減らしたほうが勝率は上がります。言い換えれば、**勝率の高いエントリーができるまで待つ**ということです。

　例えば、75日移動平均線との乖離率が10%ぐらいのところでエントリーするより、もっと離れてからエントリーしたほうが、反発を期待して上昇する確率も上がるはずです。

　10%前後でエントリーする勝率が30%なら、もっと離れたところでは80%近い勝率になるということです。

　単純に考えれば、勝率80%のところだけで戦っていれば勝率は80%です。しかし、ほとんどの個人投資家は、勝率30%でも、勝率50%でも、勝率80%でも、常にエントリーして戦っているようです。それだけ売買回数が多くなれば、損をする確率も増えることになります。

▶ 個人投資家の多くが待てない理由

　個人投資家は機関投資家のように潤沢な資金はありません。すると勝率30%で何度も戦い続けると大負けして、退場になってしまうかもしれません。

　負け続けている人は、買い時を逃したくないと、高値の上がりきった銘柄に手を出したり、人気株という理由で買ってしまったり、勝率を考えずに売買しているのではないでしょうか。

　結論をまとめると、多くの個人投資家の心理は「待てない」のです。それは「市場に参加していたい」「チャンスをみすみす逃したくない」「待っていたら儲け損なう」という考え方が根底にあるからです。

　実は、これこそが負けプレイヤーの考え方なのです。

　そうではなく、待つことを**「自分のチャンスをしっかり待てた」「自分をコントロールできた」「欲望のままに無理して勝負を挑まなかった」**と思えるようになると勝ちやすくなります。より勝率も上がっていきます。

▶　どこで買いエントリーするかが決め手

　勝率を上げるには、どこでエントリーするか、そのポイントを意識してほしいと思います。**勝敗を決めるのはエントリーが9割**です。高配当投資の場合は、エントリーポイントによってもらえる配当利回りが全然違ってきます。

川崎汽船の日足チャート

株価が下がると、配当利回りは上がります。株価が高いときより、安くなるのを待って買ったほうが高利回りになるということです。

　前ページは、**川崎汽船**（9107）の日足です。川崎汽船の 2024 年 3 月期の配当予定は 200 円です。

　そして、配当利回りの計算式は以下の通りです。

> 配当利回り（%）＝1株当たり年間配当額÷1株当たり株価×100

　株価が 5500 円なら、配当利回りは約 3.6% です。

　ところが、75 日線が位置する **4800 円ぐらいまで落ちるのを待って買うと、配当利回りは約 4%** になります。

　もし、6 月の **安値 3139 円で買えていたら、配当利回りは約 6%** にもなるのです。

▶　**銘柄選びとどこでエントリーするかが重要**

　そして、このチャートからはすでに高値圏とも判断できます。

　川崎汽船は 2023 年 5 月に業績の悪化とそれに伴う減配を発表しています。減配や業績の推移からはさらに下落するとも考えられます。

　それを知らずに配当利回り 3%以上だけを見て買えば、この先、株価下落に直面するかもしれません。下がる一方では、利回りよりも値下がりによる損失のほうがダメージは大きいでしょう。

　ですから、**目の前にある高配当銘柄に慌てて飛びつくのではなく、いかに安い価格で買うかがポイント** です。今は上昇トレンドではないけれども今後の業績が上がり、株価の上昇も期待できそうな銘柄を安いうちに買うこと、つまり、銘柄選びと同じくらいどこでエントリーするかが重要になります。

Chapter2

22

利確ポイント

エントリーしたら
「売るとき」も決める

▶　**買うときに「売るとき」も決めている**

　高配当投資にしろ、短期売買にしろ、利益を確保するには、どこか
で売却する必要があります（なかには、ほぼ上昇続きで半永久的に保
有していてもいい高配当株もありますが）。

　どこで売るか、私はエントリーしたときにだいたいの利益確定ポイ
ントを決めています。**利確ポイントは、上値抵抗線になりそうな節目
が一応の目安に**なります。上値抵抗線は、3カ月から半年前までの高
値、あるいは2～5年前の昔の高値です。

利益確定ポイントの決め方(長期トレードの場合)

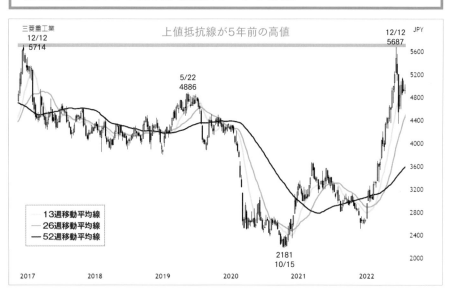

３カ月から半年前までの高値を設定するなら短期売買になります。
２〜５年前なら中・長期のトレードになるでしょう。

　いずれにせよ、売却ポイントを決めるには理由が必要です。

▶　売却ポイントを決めた根拠とは?

　例えば半年後になぜ売るのか?　その理由が答えられることが大事
なのです。その後には中国経済悪化の影響を受けて業績が悪化しそう
だから、その前に売っておくなど、きちんと根拠が言える必要があり
ます。

　３年前の高値を利確ポイントにするなら、なぜ３カ月前の高値では
なく３年前なのか?　そう問いかけて回答できればいいのです。

　例えば、こんな理由です。

　アパレル関連の銘柄を買ったとして、３年前の高値まで持つ理由と
して、

「これまで後れをとっていたＥＣ事業（商品やサービスをインター ネット上で販売する事業）に進出して、もう百貨店ビジネスに頼らなく
てもいい状況になっている、また別のアパレル銘柄は上抜け始めてい
る、リストラもだいぶ進んで利益が出しやすい、だから３年後の高値
まで上昇するだろう」

　というふうに答えられれば、３年前の高値まで持って利確する根拠
があります。

▶　利確ポイントは更新してもいい

　私はエントリーしたら、その銘柄がどう動くのかシナリオを想定し
て、根拠ある利確ポイントを必ず決めています。ですから、売却する
ときに迷うことはまずありません。

　自分に問いかけながら利確ポイントを決めると、買った銘柄の成長
のプロセスが意識できるようになります。

自分が描いたシナリオが国際情勢や経済状況などで変化して、新しいシナリオに変わったときは、利確ポイントを早めたり、下げたりすればいいのです。

　例えば、**三菱電機**（6503）を2023年1月に1300円で買って、1年半前の高値1800円を利確ポイントにして、1年上がるのを待とうと思っていたものの、その銘柄に人気が出て、半年ほどで到達してしまう場合もあります。そのときは欲を出さず半年で売ります。

　そして、また1年後か2年後に、例えば1300円から1800円になると予測できるような銘柄を探して投資します。そのときには元手となる資金が増えているので株数もより多く購入することができます。

▶ 売るか持ち続けるか、悩むのは時間の無駄

　エントリーするときに利確ポイントを決めておけば、日々の値動きで利益確定するか、保有を続けるかで悩まなくなります。毎日、持ち

Chapter 2　有望銘柄をこっそり仕込む！　最強チャートパターンの見つけ方

三菱電機の利益確定ポイント

三菱電機　JPY

13週移動平均線
26週移動平均線
52週移動平均線

5/31
1816　前の高値

売り

1225
3/7

1273
1/10　買い

7月　10月　2022　4月　7月　10月　2023　4月

株の値動きを見て、悩むのは時間のロスです。

　もともと高配当投資は中・長期の投資ですから、毎日、値動きを見る必要はほとんどありません。

　初心者で毎日、自分の持ち株ばかり見ていると、少し上がったところで売りたくなるものです。そうではなく、**自分が決めた根拠ある利確ポイントまで配当をもらいながら、じっくり待つ！** この待つという姿勢のほうが資産は貯まります。

　私の場合、利確ポイントは、厳密にいくらという金額ではなく、上値抵抗線の近辺としています。上値抵抗線を抜けたところで売ることもあれば、タッチして下がったところで売ることもあります。

　私の本業は、一日中、値動きを監視しているわけではないので、気がついたら上に抜けていたり下がってしまったりしています。ですから、**だいたい上値抵抗線の近辺で手じまいできればいい**ということにしています。

ソフトバンクグループ（9984）の上値抵抗線

Chapter2

23

損切りルール

下落率10％といった 損切りルールは決めない

▶ 長期投資に損切りルールは当てはまらない

　株式投資の指南本にはよく、損切りのルールとして「8％か10％下がったら損切り」と書かれています。確かに短期のトレードなら、それも一理あるでしょう。

　しかし、長期投資が前提の高配当投資には、何％で損切りというルールはあまり適さないと思います。

　例えば800円で買った銘柄を3年は保有して1200円まで上がるのを待つと決めたら、その間に買値より10％下落するのは想定内だと思います。

　では、どこで損切りを考えるか？

　私は**エントリーしたときにどこまで下落するかも予測し、それを割ったら損切り**を考えています。**その目安になるのは前の安値**です。

　例えば前の安値が750円なら、「そこまではがまんしよう、さらに前の安値の600円まではがまんしよう」という感じです。

　ただし、400円ぐらいまで下落したら損切りを検討しますが、下落率が8％になろうと、10％になろうと、最初に決めた損切りラインになるまではがまんします。

▶ 暴落は損切りよりも買い増しのチャンス!?

　しかし、想定外の不祥事や事故が起こった、あるいはニュースや決算内容からどう考えても倒産しそうな銘柄だと判断できたときには、すぐに損切りします。もしくは、明確な理由が語れれば、**下落は安く**

買えるチャンスと考え、買い増しを検討します。

　例えば、日経平均株価の下落につれて、保有銘柄が買値より10%下落しても、日経平均株価が上昇に転じれば、それにつれてまた上昇するでしょう。そう考えると損切りではなく、むしろ安く買い増しできるチャンスになります。

　私は、**日経平均の暴落時、あるいは個別銘柄が割安だと想定される位置まで下がったときは「バーゲンセール」**だと考えています。

▶　**株価が「バーゲンセール」になる理由**

　株価が割安まで下がる理由は、何も業績だけによるものではありません。例えば、以下のような理由も考えられます。

・そのセクターや銘柄そのものが不人気である
・一時的に日本の経済が低迷し、会社の業績はいいけれどもそのあおりを受けた

損切りラインに到達するまでの過ごし方

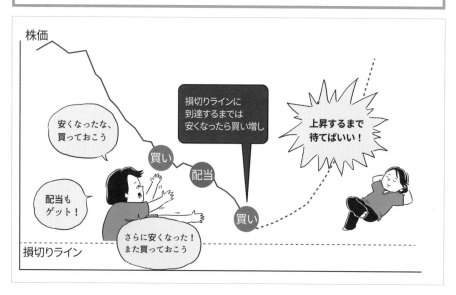

90

・海外の情勢不安の影響を受けて下落した

　下落した原因が単なる不人気や経済の低迷などであれば、買い増ししてサイクルが戻るまで待てば、買値に戻る可能性が高いですし、値上がりも期待できます。

▶　**損切りラインになるまでただ上昇を待てばいい**

　このように考えると、**エントリーポイントで決めた損切りラインに到達するまでは、配当をもらいながら、安くなれば買い増しをして、株価が上がるのをじっくり待てばいい**のです。

　前に「配当はがまん料」と書きましたが（28ページ）、含み損は配当で補塡できると思えば、下落しても余裕が生まれます。

　ただ、どうしても精神的に耐えられない、追い詰められてつらくなるぐらいなら、買値から10％下がったら損切りする「10％ルール」を適用すればいいと思います。

　ここまで損切りについて書いてきましたが、私自身は、ほとんど8割の保有株で損切りをすることはありません。そもそも、損切りしなくていい銘柄だけを選んでいるからです。

　そのためには繰り返しになりますが、エントリーの時点でチャートの動き、ファンダメンタルや外部環境（次章で詳述）などを考えて、「上昇する」という未来投資シナリオが描ける銘柄だけを選び、安いところで買うことが重要なのです。

下落を狙った空売りは
自分を不利に追い込むだけ

　少し上級者になると下落したら空売りを入れて下落と上昇の往復を取ろうと考える人が出てくるかもしれません。それはあまりおすすめしません。なぜなら、せっかく高配当株投資をしているのに、往復を取ろうとして空売りをするのは、わざわざ不利なほうに足を突っ込むことになるからです。

　その理由ですが、**空売りは信用取引**です。すると金利が付きます。そして基本的に6カ月で買い戻して、借りた株を返済しなければなりません。これが不利な足かせになります。

　空売りは株価が天井圏で下がるのを期待して仕掛けるのだと思います。そんなときには多くの投資家が空売りを仕掛け、金利だけでなく「逆日歩」（株を借りている証券会社に支払うコスト）までかかることがあります。

■「空売り」は「売り」よりも高コスト

　株価には、天井圏があれば底値圏もあります。長期投資なのですから、**空売りで金利や逆日歩というコストで資金を減らさず、底値圏を待って、買いを入れたほうが利益につながる**可能性が高いでしょう。

　ただ、自分は空売りが得意で、空売りのほうが利益を上げられる、だから空売りを今後極めていきたいと思うのなら、空売りをするのは正解です。

　少なくともチャートが高い位置にあるから、空売りして往復を取ろうとするのは、自分で不利の方向に追い込んでいるだけなので、やめたほうがいいと思います。

Chapter

3

ニュースや国策はこう読み解く!

ファンダメンタル の作法

ニュースのチェック❶
毎日必ず見ておきたい！
王道の5メディア

▶ **エントリー後の投資シナリオが描けるか？**

　高配当投資で大きな利益を得るには、エントリーが重要なキーポイントになると説明してきました。

　チャートでは移動平均線との乖離を確認し、割安と考えられるポイントでエントリーしたら、その後は配当をもらい、株価が上昇するのをじっくりと待って利確します。

　そのためには、現在の株価が割安で、これから伸びる銘柄を選ぶ必要があります。エントリーしてその後の投資シナリオが描けるかどうかが、キーポイントになります。

　投資シナリオを描くとは、セクターを例にして説明するなら、このようなイメージです。

　「今まで低迷していたセクターだが、この先も低迷しつづけるとは限らない。経営のスリム化やリストラが進み、同時にインバウンドの回復など外部環境も有利に働いている。今後、V字回復していきそうだ。そのセクターを代表するような銘柄が安い株価で放置されている。今は赤字だが、これを買って株価が2倍になるのを待とう！」

　低迷していたセクターがこれから盛り上がるかもしれないというシナリオを描くためにはニュース、経済状況、国策などに関心を持ち、**広い視野から相場全体の動向を探る**必要があります。木を見て森を見ずではなく、「森を見て木を見る」のです。

この章では、投資シナリオを描ける銘柄を見つけるのに不可欠な外部環境について解説します。

▶ 空いた時間に必ず5メディアをチェック

まず誰でも手軽にできるのがニュースのチェックでしょう。株価は経済や企業の業績だけでなく、株式市場全体の動きに左右されます。それも日本だけでなく、アジア、欧米のマーケットの動向によって株価が上下するのは珍しくありません。

米国の代表的な株価指数である NY ダウの下落に影響されて日経平均株価が大きく下がり、個別銘柄も下落するのはよくあることです。

株価の推移を知るには日本国内のニュースだけでなく、海外の動向にも目を向ける必要があります。**国内外の複数のメディアが発信しているニュースをチェック**しましょう。

特にニュースを見る時間を決めなくても、移動中でも、昼休みでも、空いた時間でもかまいません。毎日、スマホで経済関連のニュースを見る習慣を身につけましょう。

私は、必ず見るニュースを決めています。それは次の5メディアです。

・会社四季報オンライン
・日本経済新聞（電子版）
・ブルームバーグ
・ロイター
・ヤフーファイナンス

これらのメディアを押さえて、これ以外に、共感できる YouTuber の動画、アナリストのレポート、お気に入りの X（旧 Twitter）のツイートがあればプラスして見ていけばいいと思います。

ただ、私は **「一次情報でこと足りる」** と思っています。

会社四季報オンライン
https://shikiho.toyokeizai.net/

日本経済新聞（電子版）
https://www.nikkei.com/

ブルームバーグ
https://www.bloomberg.co.jp/

ロイター
https://jp.reuters.com/

ヤフーファイナンス
https://finance.yahoo.co.jp/

ウェブブラウザの上部にある「お気に入りバー（ブックマークバー）」に表示しておけば、ワンクリックで開けるので便利

それは、個人がネット上で語っている情報は基本的にはこの5メディアをもとに自分なりの解釈を加えた、二次情報でしかないと言えるからです。**知っておくべき情報はすべて一次情報に詰まっている**と言ってもいいかもしれません。

▶　一次情報をチェックして自分で考える訓練をする

　フォロワーが数十万人もいるような投資家のツイートやブログを見て参考にするのは、悪いことではありません。ただ、発信者を神格化して信じきってしまうのは危険です。

　彼らがSNSで発信しているのは一次情報に対する個人的な見解であって、極論すれば、居酒屋で上司や同僚、友人が「この株は上がる」とか「次に来るのはインドだ」などと話しているのとそれほど変わらないからです。

　そんな二次情報に頼りすぎると、自分で考える力が失われます。そして彼らが言っていることがフェイクか、真実かを見抜けなくなっていきます。他人の意見に惑わされて、負けていく個人投資家になってしまう可能性が高いのです。

　自分で考え、相場観を養うには一次情報といえるニュースをチェックしたら、自分なりに仮説を立ててみる訓練をすることです。

　このニュースから相場はこう動くという仮説を立てて、その後の動きを観察すれば自分の考えが正しかったのか、間違っていたのか、答えが出ます。間違っていたら、どこをどう間違えたのかを考えます。こうして訓練していけば、自分で考えることのできる強い投資家になれるでしょう。

　どうしてもSNSでの個人投資家やアナリストの発信が気になるなら、**自分で仮説を立ててから、チェック**しましょう。そうすれば自分との考えの違いや、あるいは自分の考えの甘さに気づくことができます。

▶ 二次情報の「レーティング」は無視してOK

またレーティングも雑音と思っていいでしょう。

レーティングとは、証券アナリストが企業をリサーチして独自の基準で行う投資判断です。「買い」「中立」「売り」や1〜5の数字などで表され、「中立」が「買い」として評価されると株価が上がったり、「売り」と評価されると株価が下がったりすることもあります。ほとんどの証券会社では、このレーティング情報を提供しています。

レーティングも二次情報です。デイトレードではレーティングが上がったときの株価高騰を狙って売買するかもしれませんが、長期投資の銘柄選択には参考にならないでしょう。

いずれにせよ、一次情報に当たらず、さらには自分の考えもなしにレーティングの情報を信じてしまうのは、居酒屋で株談義をしているオジサンたちの意見を聞いて投資判断しているのと同じです。

Chapter3 25 ▶ ニュースのチェック❷ 全文読まずにヘッドラインだけ見ればいい!

▶ マクロの目線でニュースを追う

　前項では５つのメディアを挙げましたが、ホームページを検索したあとに、ブックマークに登録しておけば簡単に表示できます。

　ニュースの見方については、私はほとんどタイトルしか見ていません。

　ブルームバーグのホームページを開くと、最新ニュースのヘッドラインが出てきます。そして次にロイターを見ると、そこにもヘッドラインが出てきます。

ブルームバーグとロイターのホームページ

ブルームバーグ

アップルに中国ユーザー離れのリスク、新型iPhone発表控え不吉な兆候
→ アップルの中国問題、ハイテク株ラリーを追うファンド運用者に痛手

金融危機時ピークの２倍――一部トレーダーが賭ける「恐怖指数」の水準
updated an hour ago

ウォール街に悪いニュース、1.4兆円プライベートクレジットで借り換え
37 minutes ago

中国の国産テクノロジー飛躍、ファーウェイのスマホが示唆
updated an hour ago

ロイター

: 習氏がG２「門戸閉ざす高まる西側の

ドで開かれるG２０首脳会議のは、中国に駐在する諸外国の外憂慮すべき傾向を確認する出来とその同盟国に門戸を閉ざし…

同じアップル関連の記事

マーケット
コラム：割高なアップルの価値、中国の意向次第で大幅修正も
午前 9:56 GMT+9

ワールド
G20サミット、議長国インド宣言取りまとめに意欲　中口見解反映
午前 10:00 GMT+9

そこで**2つのサイトに同じ内容のヘッドラインがあれば注目**します。それは、機関投資家が注目しているニュースといえるからです。

例えばブルームバーグに「アップルに中国ユーザー離れのリスク」というのがあり、ロイターにも同じようなニュースがあれば、米中貿易摩擦が本格化してきていると読み取れます。それ以降、ニュースを追って動向に注目していきます。

このように米中関係の今後、金融のリスク、経済動向といった**マクロの目線で時系列順にニュースを追うのが大事**です。

そうではなく、デイリーなニュースを追っても意味がありません。

絶えず未来に向かって、世界が、日本がどう動いているのかを見ることです。

▶ デイリーのマーケットニュースに翻弄されない

投資初心者にありがちなのが、その日の株価の動きに関するニュースだけを見て終わってしまうことです。

あるとき相場が終わった15時に「日経平均一時600円安。米中対立で、半導体、ハイテクに売り、アップルの売り上げ減速懸念で」といったニュースが出ました。これを見て、「アップルの売り上げが減っていくのか」などと、このまま鵜呑みにしてはいけないと思います。

このニュースでは、**なぜアップルの売り上げが減速したのか？**
そのせいで半導体やハイテクに売りが出たのか？
そして、一時600円安になったのは米中対立が直接原因なのか？

これらの点が不明です。私には、**下落した理由を適当に書いてるだけ**のように思えます。

もしも、翌日株価が上がれば、「日経平均強気。米中対立解消でアップルの業績回復か。アメリカの利上げ懸念も追い風」という記事になるでしょう。

15時に相場が引けたら、記者は日々のニュースを書かなくてはい

けません。そこではそれほど内容がなくても、やむなく記事にしている場合もあるのです。ですから、**デイリーのマーケットニュースにいちいち翻弄されないことが大事**です。

▶ 些末な事象だけを追うのではなく本質を見る

そして、「日経平均が大幅上昇、上昇銘柄は、鉄鋼、海運、非鉄、下がった銘柄は小売りでした」といったようなニュースは些末なニュースと思ってください。それは、すでに起こった事象を単に書いているだけだからです。そこからは深読みできるものはありません。

何が本当に起こって、これが未来にどうつながっていくのかという視点で、取材記事やニュースを読めるようになりましょう。

そのためには、例えば「日経平均は小幅に低下」といったようなニュースを見るだけで終わってはダメです。

きちんとニュースサイトを読み、「低下したのは、米国が利上げを再開した影響かな」などと自分で考えることです。

ニュースのチェック❸
1つの記事を手掛かりに未来を予測していく

▶ 1つの記事を深読みしていく例

2023年9月7日に**「中国が政府職員に対し米アップルのiPhone使用禁止を拡大する」**というニュースがブルームバーグに出ました。

そして中国は、同年8月にすべてのモバイルアプリストアとアプリ開発者に対し、規制当局に「アプリ申請」の提出を義務づける新ルールを出していました。中国当局が10月にアプリ申請を完了したモバイルアプリストアの名簿を発表しましたが、アップルのストアは入っていませんでした。

このニュースからは、米国を代表する企業に中国が規制をかけたことで、米中貿易摩擦が加速すると読み取れます。そして米国の報復措置があるかもしれないとも予測もできます。

また、アップルは米国のナスダック総合指数の上下に大きく影響する企業です。ですから、このニュースが伝われば、**アップルの株価が大幅に下落し、ナスダックが一気に下がることも予測**できます。

さらに9月にこのニュースが出たときにはiPhone15の発売（9月22日に全世界で一斉発売）を控えていました。もし販売台数が伸びなければ決算が悪くなります。中国はそのタイミングを狙って規制をかけてきたのかもしれません。

世界の販売台数の中で、一番の消費大国であった中国が規制をかけたのは、アップルにとってダメージが大きいのです。

すると、**「アップルの決算は悪くなるだろう、これまで上昇基調だったアップルの株価も下がり、ナスダック総合指数も下がる……」**と

考えられます。ナスダックはアップルによって今まで上昇を維持されていたので、アップルがつまずくとナスダック全体が下げてしまうのです。一方、この動きで米国が中国側に譲歩する可能性も出てきました。政界に巨大な影響力をもつアップルの株主が、ロビー活動により政権に圧力をかける可能性が出てきたためです。

　ひとつの記事からこのように深読みしていくやり方を1カ月間続けると、かなり広い視野でニュースが読めるようになっていくでしょう。毎日のニュースで、些末な事象を読んで満足してしまうのではなく、そこから自分で考え、未来予測できるようになっていきましょう。

▶　オリジナルの仮説を立ててお宝銘柄を探す

　ニュースを見るときには、今、所有している銘柄がどうなるのかという視点ではなく、**今後どういった銘柄を狙おうかと、お宝株を探すという視線**でも見ていきましょう。

　例えば、インドの景気がさらによくなっていくと判断して、インド株に投資するのもいいのですが、以下のような独自の視点を加えてみてはいかがでしょうか。

　「インドはこれから、さらにインフラを充実させていくだろう」と仮説を立てたとします。ニュースを読むと、インド国家高速鉄道公社（NHSRCL）が高速鉄道の整備を進めています。すると——

　「日本と連携の可能性はないか？　可能性があるとすれば商社か、日本の鉄道関連会社か？　すると日本の商社や鉄道関連会社の株価が上がるかもしれない。またインドはITの国なので、今後中国に肩を並べようとして、ハイテク関連企業が増えてくるかもしれない。そうなると、大量のデータを処理できる日本の半導体関連企業が進出していける」

　このような仮説を立て、お宝銘柄を探していきましょう。

海外投資家
「投資部門別売買状況」で海外勢の動向を知る

▶ 相場をつくる株の売買動向「投資部門別売買状況」

前項でアップルの例を挙げましたが、「日本株をトレードするのにどうして米国株の動向を知る必要があるのか？」と疑問に思う人もいるかもしれません。

その最大の理由は、海外投資家の動向を知るためです。

日本の個人投資家の中には、日本銀行や日本の投資家たちが日本株を動かしていると思っている人がいるかもしれません。

しかし、**日本株を動かしているのは海外投資家たち**です。海外投資家とは世界各国のファンド、機関投資家、オイルマネー、チャイナマネーといった海外に在住して日本株を売買しているプロの投資家たちです。

日本証券取引所の「投資部門別 株式売買状況 東証プライム」を見ると**6〜7割は海外投資家の売買**です。

日本の投資家が動かしているのは3〜4割ぐらいということになります。

▶ 海外投資家が日本株を買っているときを狙え

例えば米国の景気が悪くなったとき、米国のファンドや機関投資家は自社のバランスシートを回復させるため、一時的に日本株を売って、米国に資金を戻す可能性があります。資金は日本から一気に米国に戻ってしまいます。

すると、米国を代表する企業の業績悪化が予測され、ダウ平均株価

やナスダック総合指数が大幅に下落すると、資金の動きが変わってくる恐れがあるのです。

　世界的な経済の悪化から、海外の投資家が日本から資金を引き揚げ、その結果、日経平均株価の暴落というシナリオも十分、考えられます。

　そこで、**海外投資家の動向を調べ、市況の中で今が買いかどうかを判断**します。

　ほとんどの場合、海外投資家と日本の個人投資家は、逆の方向に動くようです。

　海外投資家が「日本を買うぞ」というときには、日本の個人投資家は売っていますし、日本の個人投資家が買っているときには、海外勢は逃げているということが多々あります。**買いを入れるなら、海外投資家が日本株を買っているときのほうがいい**でしょう。

▶　**海外勢の買いで上昇する日本株、その理由を考える**

　海外投資家が日本株を買っているのがわかったら、「なぜ買っているのか？」その理由を考えます。

　理由がわからないと、いつ海外投資家が買いから売りに転向するか

個人投資家と海外投資家の売買状況をチェック

委託内訳 Brokerage Trading					
法　人 Institutions	売り	Sales	1,227,654,660	6.2	−64,102,480
	買い	Purchases	1,163,552,180	6.0	
	合計	Total	2,391,206,840	6.1	
個　人 Individuals	売り	Sales	4,924,443,143	24.9	−514,288,299
	買い	Purchases	4,410,154,844	22.6	
	合計	Total	9,334,597,987	23.8	
海外投資家 Foreigners	売り	Sales	13,507,412,670	68.4	322,394,363
	買い	Purchases	13,829,807,033	71.0	
	合計	Total	27,337,219,703	69.7	
証券会社 Securities Cos.	売り	Sales	98,498,488	0.5	−13,589,074
	買い	Purchases	84,909,414	0.4	
	合計	Total	183,407,902	0.5	

投資部門別　株式売買状況　東証プライム　［金額］　全51社
（2023年第3週　11/13〜11/17）より

予測がつかないからです。

買う理由は、内的要因と外的要因の２つで考えられます。

内的要因としては、現在の日本の政権に対する期待度です。例えば「貯蓄から投資へ」という政策を本気でやる気があると海外投資家が判断したら、日本に投資資金を入れてくるでしょう。

外的要因とは、世界のマーケットの中で日本が魅力的になってきているのか、ほかに選択肢がないから日本株を選んでいるのか、地政学的なリスクの中で、台湾、中国に投資ができない（台湾有事）から消去法で日本株を選んでいるのか……そのようなことが理由として考えられます。

内的要因や外的要因がわかれば、海外投資家の買いがどこまで続くのか判断の手掛かりになります。

▶ 日本株が上がる理由を考える

日本株が上がるときには、ほかに投資先がないから上がっているということがよくあります。

海外投資家にしてみれば、投資先は日本でなくてもいいわけです。

それなのに日本を買っているのは、戦争当事国やその周辺国、それらの国の政治的混乱、自国政府の圧力、企業活動の規制が激しいなどの理由があるからでしょう。投資先を消去していくと日本、韓国、インド、オーストラリアなどが残り、さらに円安と長期政権が予想されるため、日本が選択肢として残っているのかもしれません。

それが理由なら、政権が変わったとき、ほかの国の投資環境がよくなったとき、円高に振れてきたときなどには、**日本株が売られる可能性**があると判断できます。もしも日本株が下がっても、その理由がわかります。

日本株が下がった背景がわかれば、そのまま株を保有して、また状況が変化するのを待つのか、あるいは高値でいったんは手放して決済

するかの決断を下すことができます。

▶ 投資離脱者の過半数は3年以内で離脱

2022年12月、投信投資顧問会社スパークス・アセット・マネジメントが発表した「日本株式市場の振り返りと展望に関する意識調査2022」によると、**投資離脱者（178名）の過半数（52.8%）が「3年以下で離脱」**していました（この調査では、日本株式によらず、外国株式、公社債、投資信託などの金融資産への投資経験がある人を指しています）。

どのような投資でも、3年では勝てる投資家にはなれないし、高配当株の恩恵も受けられないでしょう。3年で離脱してしまった理由は、値動きや市況を自分で考え判断できなかったからではないでしょうか？

人から「高配当で儲かるよ」などと勧められて買うだけだったのではないかと思われます。長期投資のためには自分で考え、上昇・下落の理由が腑に落ちることがとても大事なのです。

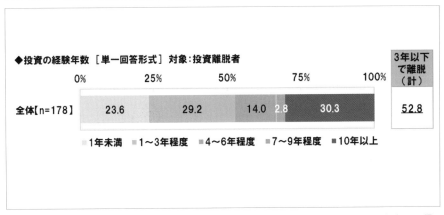

投資の経験年数の調査

◆投資の経験年数［単一回答形式］対象:投資離脱者

全体【n=178】	1年未満	1～3年程度	4～6年程度	7～9年程度	10年以上	3年以下で離脱（計）
	23.6	29.2	14.0	2.8	30.3	52.8

スパークス・アセット・マネジメント調べ

『会社四季報』
勝てる投資家になると
四季報は必要なくなる

▶ **初心者は四季報を読み、いつかは卒業を目指す**

投資家の中には、『会社四季報』（東洋経済新報社）を必ず読むという人も多いかと思います。

初心者のうちは、四季報は読んだほうがいいでしょう。いろいろな情報が詰まっていますし、個別銘柄のチャートも載っています。

年間4回発行される四季報で、業績を見て、全銘柄のチャートに目を通して、業績の浮き沈みを定点観測するのはすごく有効だと思います。

そういう私は、株式投資を始めて5年間ぐらいはチャート専門誌『週刊ゴールデンチャート』（ゴールデン・チャート社・現在休刊）を購入して、全銘柄のチャートを見ていました。

しかし、見続けて何年か経った頃から、それを見なくても銘柄の動きがわかるようになっていったのです。チャートを見る目が養われたからでしょう。

四季報も読んでいましたが、**日々のニュースをチェックしていれば、四季報に書かれている分析記事や業績予想を読まなくても予想できるようになっていった**のです。

四季報を読み続けていると、自分の予測が四季報に書いてある記事とほとんど同じと思えるときが来ます。

そこで**年に4回読んでいたら半分にする、さらに1回にする。**そして、それまで四季報を読んでいた時間を、ニュースの5メディアからの情報収集をもっと密にして、相場や個別銘柄がどう動くか、仮説

を立てる時間に使ったほうがいいと思えるときが来ます。そのほうが、分析力が上がりより勝てる投資家になれるはずです。

　最終的に勝てる投資家になってくると、四季報の情報は必要なくなっていきます。

▶　勝てる投資家になるための四季報の読み方

　なぜ、**四季報を読むより、一時情報であるニュースから、仮説を立てられるようになったほうが勝てる**のでしょうか？

　個人投資家のほとんどが四季報を読んでいるとすると、みんなが同じ情報を見て売買することになります。そこには競争の差別化が生まれません。私はそれが理由だと思います。

　ですから、四季報の情報だけで満足せず、ニュースからもいろいろな一次情報を仕入れ、日経平均株価や個別銘柄のチャートを見比べ、チャートを見る目を養いましょう。

『会社四季報』の読み方

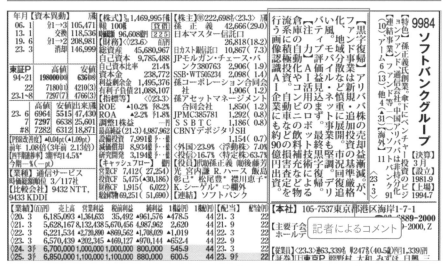

そのためには、四季報を読む前に、ニュースやチャートから、自分なりにその企業の業績予想を立ててみましょう。

　その後、四季報の記者によるコメントを読みます。すると、
「なるほど、専属のライターはこういうふうに書くのか」
「こういうふうに考えるんだ」
　という差異視点が生まれます。四季報記者の多くは、長年上場企業を取材し、その企業をよく知る人たちが多いと聞きます。

　そのコメントから、自分の仮説が独りよがりでないか大きく外れていないか、検証できるようになります。

　こうして自分なりの仮説が立てられるようになると、四季報やレーティングではあまり評価されていない銘柄の中から、数年後に伸びる銘柄を発掘できるようになります。それを高配当のうちに割安で買っていければ、勝てる投資家になっていけるでしょう。

Chapter3 29

国策銘柄
「骨太の方針」から 上昇銘柄を仕込む

▶ 安いところで仕込む秘訣「国策銘柄」

　高配当投資で勝つには、エントリーがすべてだと繰り返し書いてきました。高値でエントリーするより安いところで買うほうが、利益が出ますし、配当利回りも上がるのは当然の話です。

　そのような銘柄を選ぶ際、参考になるのが **「国策」** です。

**　国策は、毎年6月ごろに政府から発表される「骨太の方針」を読めばわかります。**「骨太の方針」は正式名称を「経済財政運営と改革の基本方針」と言い、政権の重要課題や翌年度予算編成の方向性を示

国策銘柄❶　オルガノ(GX関連銘柄)

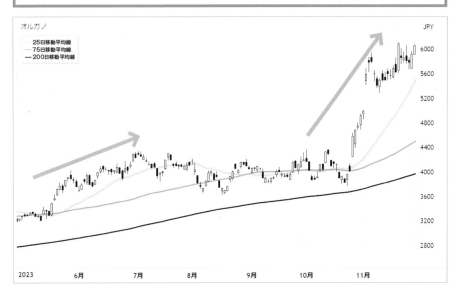

111

す方針です。これに合わせて各省庁が予算を決めていきます。

　そのため、この方針に関連する銘柄には補助金の支給がされたり、多くの投資家の関心を引くことなどから、株価の上昇が期待できます。

　2023年6月に出された「骨太の方針」には「少子化対策・こども政策の抜本強化」がありました。子育て支援では児童手当の拡充や育休時の手取り額の維持などが明らかになっています。

　これを読み、関連銘柄としては保育サービスを提供する企業、育児用品を扱う企業などが思い浮かぶでしょう。

　また、グリーントランスフォーメーション（GX）というクリーンエネルギー中心へと転換する取り組みや、デジタルトランスフォーメーション（DX）としてAI、IoTなどの技術を使って、アナログだった業務をデジタル化する取り組みの加速も掲げられています。

　すると、太陽光発電や風力発電の関連銘柄、AIマーケティングツールのSaaS（Software as a Service：サービスとしてのソフトウェア）

国策銘柄❷　ケアネット

企業などが候補として思い浮かぶでしょう。

▶ GXとDXの国策銘柄「オルガノ」「ケアネット」

国策銘柄の例として、**オルガノ** (6368)、**ケアネット**（2150）のチャートを挙げています（111・112 ページ）。

オルガノは、超純水・純水・水道水・産業排水・下水など幅広い水処理技術を提供している会社で、GX 関連銘柄です。

ケアネットは、製薬企業向けの医薬営業支援や医療従事者向けのコンテンツサービスを提供している会社です。同社は、2023 年 11 月 29 日から、東証グロース市場からプライム市場へ移行しました。

業績推移を見ると、営業利益は 2019 年の 6 億 500 万円から 2023 年には 30 億円へ、約 5 倍に増える予想です。しかし、チャートを見ると、2023 年 12 月現在では、まだ割安な状態です。ここでは、**割安銘柄の例**としても挙げておきたいと思います。

国策銘柄❷　ケアネットの業績の推移

通期	業績推移	修正履歴	成長性	収益性			1Q	2Q	3Q	4Q
決算期		売上高		営業益	経常益	最終益	修正 1株益	修正 1株配		発表日
連 2019.12		3,268		605	593	448	10.6	1.5		20/02/13
連 2020.12		5,304		1,510	1,506	815	19.6	2		21/02/10
連 2021.12		8,004		2,532	2,556	1,609	38.1	6		22/02/10
連 2022.12		9,327		2,851	2,894	1,847	41.7	6		23/02/13
連 予 2023.12		11,000		3,000	3,000	2,000	44.9	6		23/02/13
前期比		+17.9		+5.2	+3.7	+8.3	+7.6			(%)

△閉じる

　　　　　　は過去最高　　※最新予想と前期実績との比較、予想欄「－」は会社側が未発表。

業績推移：売上高、営業益、経常益、最終益は「百万円」
出典：株探（https://kabutan.jp/）

▶ 防衛費増額の国策で右肩上がりの三菱重工業

　なお、6月発表の「骨太の方針」だけでなく、与党の幹部会合などのニュースも要チェックです。

　2022年12月15日の後場に、**三菱重工業**（7011）が年初来高値を更新しました。これは、その日の午前に自民党税制調査会の幹部会合により、防衛費が年予算43兆円程度に増額されるという話を受けた影響です。

　「国策に売りなし」という相場格言があります。政策に関連した業種や銘柄は値上がりしやすいという意味です。国策に関連する銘柄で、まだ割安と思われる株価なら、エントリーの候補に挙げておくといいでしょう。

　その後、2023年6月には、防衛費増額に向けた財源確保法が、参議院本会議で成立しました。三菱重工業などは、防衛費増額という国策により上昇している「国策銘柄」といえます。

国策銘柄❸　三菱重工業

Chapter3 30 マーケットの規則性 米国の「アノマリー」を利用して戦略を立てる

▶ マーケットの規則性「アノマリー」とは？

「アノマリー」という言葉を知っていますか？

ファンダメンタルや相場理論、法則では説明できない、マーケットの規則性を言います。

米国株式にはさまざまなアノマリーがあります。その代表的なものが「小型株効果」「低PBR効果」「12月1月効果」などです。

・**小型株効果**……小型株で構成したポートフォリオのほうが、大型株で構成したものよりもリターンが高くなりやすい傾向にある

S&P500の月次パフォーマンス

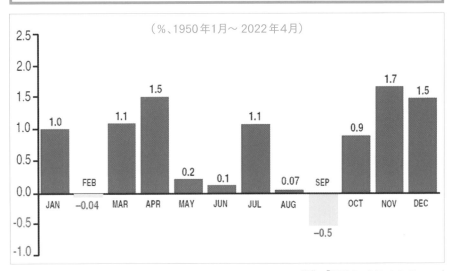

（％、1950年1月〜2022年4月）

出典：『2023 Stock Trader's Almanac』

- **低PBR効果**……低PBRの銘柄で構成したポートフォリオのほうが、高PBRで構成したものより収益性がよい
- **12月1月効果**……12月1月の収益率がほかの月よりも高くなりやすい

▶ 8月、9月は下がりやすい

いずれも経験則からの規則性で、理論的な根拠はありません。

その中で**「Sell in May」（5月に株を売れ）**、その後は**「8月、9月は下がりやすい」**ので買うならとくに9月、また株は**「10月末に買って、翌年4月末に売るのがよい」**というのがあります。

下の図を見ると、NYダウ、日経平均株価ともに、9月の下落率が目立ちます。また、10月から4月までは、比較的堅調なパフォーマンスを示しています。

もちろん、100%これらが当たるわけではありませんが、投資家が

NYダウと日経平均の月別平均騰落率

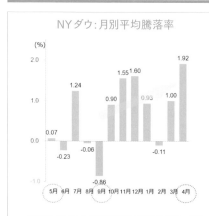

NYダウ：月別平均騰落率

※1945年1月からの月間騰落率の平均値を算出。直近値は2023年4月末
出所：S&Pダウジョーンズ・インデックス社、ブルームバーグより野村證券投資情報部作成

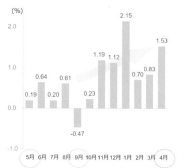

日経平均株価：月別平均騰落率

※1949年6月からの月間騰落率の平均値を算出。直近値は2023年4月末
出所：日本経済新聞社、ブルームバーグより野村證券投資情報部作成

出典：「FiNTOS!」（https://fintos.jp/page/99254）

このようなアノマリーを意識して売買するので、「当たらずとも遠からず」のようです。

実際に、米国の代表的な株価指数の「S&P500」の月次パフォーマンス（115ページ）を見ても、このアノマリー通りに動いています。

▶ 米国株が下がれば、日本株も下がる?

米国株が下がれば、日本株も追随することは珍しくありません。

そこで日本でも、8月に下がり、9月も下がるのではと想定できます（前ページ）。まして9月は、多くの銘柄にとっては配当権利落ちがあります。3月もそうです。

このようなアノマリーを利用して、利益確定と配当を狙う戦略が立てられます。

①勝率の高い月（とくに4月）に利益確定して現金化する

②9月の下がったところで高配当銘柄を割安で買う

③3月に配当をもらう

④9月以前までに、利益確定して現金化する

⑤また9月に割安の高配当株を買う

……これを繰り返せば、売却益と配当益が獲得できるわけです。

この戦略は、長期保有の高配当投資とは少し異なる売買になってしまいますが、世界に目を向ければこのような戦略も立てられるという例として挙げておきたいと思います。

相場サイクル
循環している、株式市場の4つの相場

▶ 景気の循環、相場サイクルを知っておく

　Chapter 1で景気循環について説明しました。ここではもう少し詳しく、景気と相場サイクルの関係について解説しておきましょう。

　どのセクターが今後、盛り上がってくるか？　予測を立てるときに参考になるのが相場サイクルです。

　相場サイクルは、株式市場には4つの相場があり、これが循環しているという考え方です。4つの相場とは、**①業績相場、②逆金融相場、③逆業績相場、④金融相場**を指します。

　この4つの相場は、政府の金融政策によって循環します。

▶ 好業績の「業績相場」、利上げの「逆金融相場」

　①業績相場は金融緩和により、めぐってくる相場です。金利が下がり、企業はお金を借りやすくなると、設備投資や研究開発などを積極的に行い、業績を向上させます。その結果、景気はよくなり、好業績企業が幅広く買われ、**株価は上昇傾向**になります。

　そして景気が拡大しすぎると、物価上昇などによるインフレが広まっていきます。それを押さえるため、政府は金利を引き上げます。これが、**②逆金融相場**です。

　金利の引き上げでお金が借りにくくなると、消費は冷え込んでいきます。すると物を売るためにデフレ傾向になり、インフレが抑制されるのです。

投資家は、金利が高い**債券**など固定金利商品に投資資金を回すため、**逆金融相場だと株価は下落傾向**になります。すると金利が上がっても影響を受けにくい、**借金が少なく財務が健全な企業が買われます。**

▶ 業績悪化の「逆業績相場」、金融緩和の「金融相場」

金利の上昇で借金がしにくくなると、企業は積極的な事業開発を控え、クレジットカードの金利も上がることで個人消費も減ります。すると企業は業績が悪化していきます。これが、**③逆業績相場**です。失業率も高くなり、企業は在庫を減らすため、価格下げ、デフレ傾向は強まります。

買われるセクターは、生活必需品や医薬品、社会インフラ関連セクターなどで、いわゆる**「ディフェンシブ銘柄」**です。

こうして景気が悪くなると、政府は金融緩和を行い、お金の流れをよくします。企業はお金を借りやすくなり、個人消費も増え、景気は上向きます。**④金融相場**の到来です。この相場では、融資が増える都市銀行や地銀など金融セクター、IT関連やバイオ関連、不動産セクター、物流も盛んになるので海運や陸運セクターなど**幅広いセクターが買われます。**

金融相場が進むとバブルになり、物の値段も高騰します。すると、また政府はバブルやインフレを抑えようと金利を引き上げ、**②逆金融相場**になっていくのです。

▶ 相場サイクルを日本株に当てはめて考えてみる

現在のサイクルを知って、将来、上昇が期待できるセクターの銘柄を買っておけば勝率は上がります。

また、長期投資をしていて所有株が下がっていても、相場サイクルがまた循環して株価も回復するとわかれば、がまんもできるでしょう。

Chapter 1でも前述したように、現在の相場サイクルを判断するには、**政府の金融政策が大きなキーポイント**になります。米国では米国連邦準備制度理事会（FRB）が連邦公開市場委員会（FOMC）を開催し、金利の誘導目標、金利を引き上げるか据え置くかといった、今後の金融政策を明らかにしています。

　その決定から、相場サイクルを読み取ることができます。

　米国では2023年11月現在、金利を引き上げていることから、②逆金融相場、あるいは③逆業績相場と考えられます。

　ただ、日本はずっとゼロ金利政策がとられ、デフレが続いていたので、この相場サイクルでいう②逆金融相場とは言えないと思います。相場サイクルが当てはまらない、世界でも珍しい国かもしれません。

　とはいえ、日本株も米国株と連動して動くことが多いので、サイクルを知っておくことは決してムダではないでしょう。

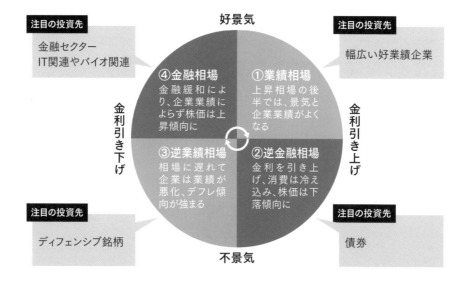

相場の4つのサイクル

注目の投資先
金融セクター
IT関連やバイオ関連

好景気

注目の投資先
幅広い好業績企業

④金融相場
金融緩和により、企業業績によらず株価は上昇傾向に

①業績相場
上昇相場の後半では、景気と企業業績がよくなる

③逆業績相場
相場に遅れて企業は業績が悪化、デフレ傾向が強まる

②逆金融相場
金利を引き上げ、消費は冷え込み、株価は下落傾向に

金利引き下げ

金利引き上げ

注目の投資先
ディフェンシブ銘柄

注目の投資先
債券

不景気

決算で配当を
確かめ、
チャートを見て
売買する！
実践編

戸田工業
割安でも無配では高配当投資とはいえない

▶ チャート→配当金の順でチェックする

　ここまで高配当銘柄の選び方について説明してきました。この章では、私がトレードした銘柄をまじえ、どのような銘柄をどのような視点から選び、どこで売り買いしているのか？　**チャートと配当の推移**を見ながら、トレード手法について書いていきたいと思います。

　高配当投資で選択する銘柄は、なるべく減配にならず、ましてや無配にならず、まずは**安定した配当が入ってくるということが大前提**です。そこで買う前には配当の推移を確かめます。

　例えば**戸田工業**（4100）ですが、週足のチャートを見ると割安なところに位置しているように思えます。ところが配当推移を確認すると、ここ数年は無配になっています。それ以前も減配があります。

　割安だからといって保有していても、配当が入ってこないか、あっても減配になるかもしれません。これではいくら割安といっても、高配当投資とはいえないと思います。

　割安というところだけにフォーカスすると、底値狙いの割安株投資になってしまいます。

①**チャート**（日足・週足・月足）で、前の安値や移動平均線からの乖離具合などから割安かどうかを確認
②**配当金**の推移を確認
チャート→配当金の順で、割安な高配当株を探していきましょう。

戸田工業の配当推移

	配当利回り		配当性向	
2010年3月 (個)		0.43%	2010年3月 (連)	14%
2011年3月 (個) +0.11%		0.54%	2011年3月 (連) +0.7%	14.7%
2012年3月 (個) +0.13%		0.67%	2012年3月 (連) +14.52%	29.22%
2013年3月 (個) +0.58%		1.25%	2013年3月 (連) +45.68%	74.9%
2014年3月 (個) -1.25%		0%	2014年3月	-
2015年3月 (個)		0.69%	2015年3月 (連) -44%	30.9%
2016年3月 (個) +0.57%		1.26%	2016年3月	-
2017年3月 (個) -0.53%		0.73%	2017年3月	-
2018年3月 (個) +0.32%		1.05%	2018年3月 (連) -7.4%	23.5%
2019年3月 (個) +0.75%		1.8%	2019年3月	-
2020年3月 (個) -1.8%		0%	2020年3月	-
2021年3月 (個)		0%	2021年3月	-
2022年3月 (個)		0%	2022年3月	-
2023年3月 (個)		0%	2023年3月	-

出典：「IR BANK」（https://irbank.net/）

戸田工業の週足チャート

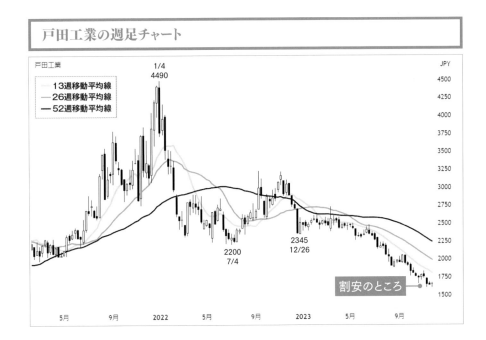

大同特殊鋼
安定した配当、高利回り、増配で3拍子揃った銘柄

▶ 高配当投資に最適な銘柄の3つのポイント

繰り返しになりますが、高配当投資のポイントは、以下の3点です。

①安定した配当

②高い利回り（3％以上）

③増配傾向

この3点が揃ったものが、長期保有を前提とする高配当投資に最適な銘柄と言えます。

大同特殊鋼（5471）は、まさに3拍子揃った銘柄でした。

大同特殊鋼の配当推移

配当利回り				配当性向			
2010年3月 (個)			0.51%	2010年3月 (連) 赤字			-
2011年3月 (個) +0.97%			1.48%	2011年3月 (連)			9.43%
2012年3月 (個) -0.17%			1.31%	2012年3月 (連) +4.89%			14.32%
2013年3月 (個) -0.43%			0.88%	2013年3月 (連) +3.48%			17.8%
2014年3月 (個) +0.09%			0.97%	2014年3月 (連) -0.6%			17.2%
2015年3月 (個) +0.24%			1.21%	2015年3月 (連) +8.7%			25.9%
2016年3月 (個) +0.71%			1.92%	2016年3月 (連) +22.1%			48%
2017年3月 (個) -0.04%			1.88%	2017年3月 (連) -22.1%			25.9%
2018年3月 (個) +0.33%			2.21%	2018年3月 (連) -4.5%			21.4%
2019年3月 (個) +0.77%			2.98%	2019年3月 (連) +4.8%			26.2%
2020年3月 (個) -0.97%			2.01%	2020年3月 (連) +1%			27.2%
2021年3月 (個) -1.33%			0.68%	2021年3月 (連) +5.8%			33%
2022年3月 (個) +4.2%			4.88%	2022年3月 (連) -4.5%			28.5%
2023年3月 (個) -0.46%			4.42%	2023年3月 (連) -1.6%			26.9%

出典：「IR BANK」（https://irbank.net/）

　2023年11月2日時点で配当利回りは約3.6%、PBRも1倍以下の0.69倍です。

　前ページの配当推移を確認してみましょう。配当は時には減配になっていますが、無配になることはなく、むしろ2022年は大幅な増配を行っています。

　配当性向は、当期純利益（最終利益）の中から何%を配当に充てているかを示す数字です（Chapter 1）。数字が高いほど、株主に多くの利益を還元していますが、その分、内部留保できる利益は少なくなります（私は、配当性向30%くらいが妥当な数字だと思います）。

▶　安値と高値がわかりやすいチャート

　一方、週足チャートを見ると安値が固定されてサポートラインがわかりやすく、高値もある程度、固定されているのが特徴です。

　ですから、安値まで下がるのを待てば割安で買えるはずです。その

大同特殊鋼の週足チャート

下値は **4000 円以下です。この価格帯で買い、6100 円前後で売却する**という投資戦略が立てられます。

　割安で買って、配当をもらいながら、上がるのを待ち、高値になったら売って売却益を得るというインカムゲイン、キャピタルゲインの両方が期待できる銘柄です。

Chapter4 34
神戸製鋼所
高配当の恩恵と 買値の7倍の売却益も！

▶ **配当利回り5％の高配当銘柄**

　高配当の定義として、本書では利回り３％以上としています。それを大きく上回る高配当が期待できるのが、**神戸製鋼所**（5406）です。

　2023年11月２日時点で配当利回り約５％を誇っています。

　配当の推移ですが、2010年以降では当期純利益が赤字となった2012年、13年、16年、17年、20年の５年のうち、無配は13年、17年、20年の３年だけです。12年、16年には赤字でも配当を出しています。

神戸製鋼所の配当の推移

一株配当#6		配当性向	
2010/03	15円	2010/03	1.19%
2011/03 +100%	30円	2011/03 +15.85%	17.04%
2012/03 -66.67%	10円	2012/03赤字	-
2013/03	-	2013/03赤字	-
2014/03	40円	2014/03	17.7%
2015/03 ±0%	40円	2015/03 -0.9%	16.8%
2016/03 -50%	20円	2016/03赤字	-
2017/03	-	2017/03赤字	-
2018/03	30円	2018/03	17.2%
2019/03 -33.33%	20円	2019/03 +3%	20.2%
2020/03	-	2020/03赤字	-
2021/03	10円	2021/03	15.6%
2022/03 +300%	40円	2022/03 +9.4%	25%
2023/03 ±0%	40円	2023/03 -3.2%	21.8%
2024/03 +125%#7	90円		

出典：「IR BANK」（https://irbank.net/）

神戸製鋼所の週足チャート❶

神戸製鋼所

JPY

13週移動平均線
26週移動平均線
52週移動平均線

803
11/7

774
10/16

722
12/25

283
3/9

1400
1200
1000
800
600
400
200

7月　2017　7月　2018　7月　2019　7月　2020　7月

神戸製鋼所の週足チャート❷

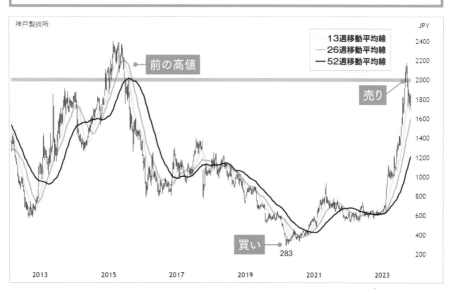

神戸製鋼所

JPY

13週移動平均線
26週移動平均線
52週移動平均線

前の高値

売り

買い

283

2400
2200
2000
1800
1600
1400
1200
1000
800
600
400
200

2013　2015　2017　2019　2021　2023

▶ 高配当の恩恵を受けながら売却益も受ける

　週足のチャートでは2019年までは780円あたりが下値だったのに、**20年3月には300円以下に下落**しています。コロナ禍の影響と考えられますが、私はこれを割安と判断し、ここで買いを入れ（分散購入）ました。

　その後は、**3年あまり配当をもらいながら、前の高値2000円前後になるのを待って売却。**買値の約7倍で利益確定しました。

　配当益と売却益の両方取りを実現したわけです。

Chapter4 35 ▶ 富士石油 安値で買って高値で売る シンプルなトレード

▶ 安く買って高く売る、単純な投資戦略

　ここまで、決算で配当を確かめ、チャートを見て売買するという３つのケースを紹介しました。高配当投資だからといって、難しい投資戦略を考える必要はないことが、おわかりいただけたでしょうか。

　安く買って、高く売る——このようなシンプルなトレードをすればいいのです。

　さて、**富士石油**(5017) も配当利回り３％以上。赤字のときですら、配当を出しています。安定した高配当銘柄といっていいでしょう。

富士石油の配当推移

配当利回り			配当性向		
2011年3月 (個)		1.08%	2011年3月 (連)		0.07%
2012年3月 (個) +0.14%		1.22%	2012年3月 (連) +13.66%		13.73%
2013年3月 (個) +0.49%		1.71%	2013年3月 (連) 赤字		-
2014年3月 (個) +0.15%		1.86%	2014年3月 (連) 赤字		-
2015年3月 (個) -1.09%		0.77%	2015年3月		
2016年3月 (個) -0.77%		0%	2016年3月		
2017年3月 (個)		2.13%	2017年3月 (連)		4%
2018年3月 (個) -0.23%		1.9%	2018年3月 (連) +3.8%		7.8%
2019年3月 (個) +2.07%		3.97%	2019年3月 (連) +18.8%		26.6%
2020年3月 (個) -3.97%		0%	2020年3月		-
2021年3月 (個)		4.35%	2021年3月 (連) -14.8%		11.8%
2022年3月 (個) -0.58%		3.77%	2022年3月 (連) -6.7%		5.1%
2023年3月 (個) ±0%		3.77%	2023年3月 (連) +16.5%		21.6%

出典：「IR BANK」(https://irbank.net/)

▶ 200円近辺で買い、400円超えで売却のシナリオ

　チャートからは、200円を少し上回ったあたりが安値と判断できます。その前の安値を見ると、3回、200円近辺で安値をつけています。

・2012年9月6日に219円
・14年3月27日に251円
・16年2月10日は242円

　そこで、**200円近辺まで下がってきたら、買いエントリー**します。**高値は400円を超えたあたり**です（安値に関しては、146ページの古河電気工業の項でも解説します）。

　安値と高値がわかれば、**250円前後で買って、それを下回れば、かなりの割安と考えて買い増し**します。そして**400円を超えたら売却**です。このように、エントリー前に作戦を立ててトレードすればいいでしょう。

富士石油の週足チャート

Chapter4 36

山陽特殊製鋼
前の高値超えで売却、
保有銘柄を入れ替える

▶ **前の高値を超えたら売却するのがセオリー**

続いて、**山陽特殊製鋼**（5481）です。配当利回りは 2023 年 11 月
2 日時点で約 4 ％。高配当で、過去に増配もしています。

次ページの週足チャートで確認すると、1000 円前後は割安です。
そこで、**買いエントリーは 1000 円前後**になります。また、チャー
トを見ると **2300 円を超えて、その後下落している**のがわかります。

そこで 2300 円あたりまで上昇したら、売却します。売却益は 1300
円ほどです。

山陽特殊鋼の配当推移

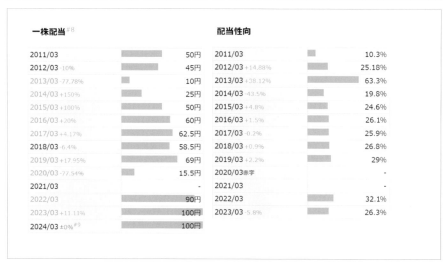

一株配当#8		配当性向	
2011/03	50円	2011/03	10.3%
2012/03 -10%	45円	2012/03 +14.88%	25.18%
2013/03 -77.78%	10円	2013/03 +38.12%	63.3%
2014/03 +150%	25円	2014/03 -43.5%	19.8%
2015/03 +100%	50円	2015/03 +4.8%	24.6%
2016/03 +20%	60円	2016/03 +1.5%	26.1%
2017/03 +4.17%	62.5円	2017/03 -0.2%	25.9%
2018/03 -6.4%	58.5円	2018/03 +0.9%	26.8%
2019/03 +17.95%	69円	2019/03 +2.2%	29%
2020/03 -77.54%	15.5円	2020/03 赤字	-
2021/03	-	2021/03	-
2022/03	90円	2022/03	32.1%
2023/03 +11.11%	100円	2023/03 -5.8%	26.3%
2024/03 ±0%#9	100円		

出典：「IR BANK」（https://irbank.net/）

その後3000円まで上がりましたが、これは結果論で2300円を超えると下落する可能性を考え、徐々に売却したほうがいいでしょう。

▶　ほかの割安な高配当銘柄に乗り換える

売却後はそれを資金にして、ほかの割安な高配当銘柄を探して、乗り換えるのも手です（高配当株ローテーション）。ですから、私が考える高配当投資は、一度買ったら「ほったらかし」ではありません。割安な高配当銘柄を自分で探して買って、配当益を得て、さらには売却益も得て……手間をかける分、利益率は高いのです。

- **ある銘柄が割高と判断できる価格まで上がったら、利益確定する。**
- **それを元手に違う割安銘柄に投資する。**
- **その銘柄が上がったら売却、また割安銘柄に乗り換えていく。**

このようにして資金を回し、ローテーションしながら増やしていくのも、高配当投資戦略のひとつです。

山陽特殊製鋼の週足チャート

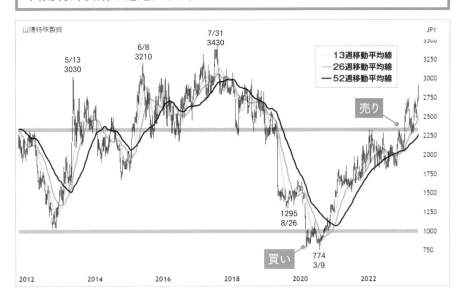

IHI
割安と判断したら、資金を分割して投入する

▶ 無配の年もあるものの安定した配当銘柄

3大重工業（次項の三菱重工業、川崎重工業とともに）の**IHI**（7013）。

同社は配当利回り約3％。過去の配当推移を見ると、海洋事業の赤字が続いた2017年3月期の連結最終損益がゼロ（前期は15億円の黒字）となり無配に。また、コロナ禍の影響で2021年は無配になっていますが、22年、23年は増配です。

配当に関してはここ十数年で無配が2回あるものの、比較的安定して、増配傾向もあると言えるでしょう。

IHIの配当推移

配当利回り

2010年3月 (個)		1.17%
2011年3月 (個) +0.31%		1.48%
2012年3月 (個) +0.43%		1.91%
2013年3月 (個) -0.16%		1.75%
2014年3月 (個) -0.37%		1.38%
2015年3月 (個) -0.31%		1.07%
2016年3月 (個) +0.19%		1.26%
2017年3月 (個) -1.26%		0%
2018年3月 (個)		1.82%
2019年3月 (個) +0.81%		2.63%
2020年3月 (個) +1.33%		3.96%
2021年3月 (個) -3.96%		0%
2022年3月 (個)		2.37%
2023年3月 (個) +0.34%		2.71%

配当性向

2010年3月 (連)		16.88%
2011年3月 (連) -7.1%		9.78%
2012年3月 (連) +8.69%		18.47%
2013年3月 (連) +3.43%		21.9%
2014年3月 (連) +4.8%		26.7%
2015年3月 (連) +75.3%		102%
2016年3月 (連) +201%		303%
2017年3月		-
2018年3月 (連) -191.3%		111.7%
2019年3月 (連) -84.6%		27.1%
2020年3月 (連) +65.6%		92.7%
2021年3月		-
2022年3月 (連) -76.8%		15.9%
2023年3月 (連) +14.7%		30.6%

出典：「IR BANK」（https://irbank.net/）

▶ **前の高値まできたらひとつの循環が終わる**

　週足チャートを見ると、4000円超えの高値をつけて下落、その後、**4000円を超えるまで上昇して下落というサイクル**を繰り返しています。

　2020年4月の安値はコロナ禍が原因でしょう。明らかに割安の水準です。ここでエントリーして、4000円を超えるまで配当をもらいながら保有。4000円前後で売却して利益を得て、割安の銘柄に買い替えます。

　前項の山陽特殊製鋼もそうですが、ここで「高値」といっているのは、週足で前の高値を超えた価格帯を指します。

　多くの銘柄では、右肩上がりで続伸していても、前の高値まできたら、「下落と上昇」というひとつの循環が終わる可能性があります。そこで売却して、**割安になったほかの高配当株に乗り換えて**いきます。

　このようなスタイルでポートフォリオを組み直していくと、より資

IHIの週足チャート

Chapter 4　決算で配当を確かめ、チャートを見て売買する！実践編

135

産が増えやすくなるでしょう。

▶ **割安と判断したら、資金を分割して投入する**

すべてのトレードに言えることですが、割安と判断して買いエントリーする際には、いわゆる **″全力買い″ではなく、資金を分割して投入**しましょう。

IHIの月足チャートで説明します。

IHIは2010年〜12年ぐらいまでは2000円と1500円のボックス圏で、それが13年から続伸。14年12月に6370円をつけて下落しています。

私が買いエントリーしたのは、2019年8月16日前後です（次ページの週足チャート❶）。2000円を下回り、割安と判断でき、配当利回りは約3.6％でした。このとき、資金は全額投入していません。

さらに株価が下落する可能性があるからです。その後、20年3月、

IHIの月足チャート

2000円を割ったところで2回目の買いを入れました。

　しかし、さらに下落。同年の4月には1051円の安値です。これは過去10年間を見ても最安値です。ここで3回目の買いです。

　資金を分割するとは、例えば100万円の資金があれば30万円、30万円、30万円に分けて買うということです。

▶　「底値で買って、高値で売る」は難しい

　2020年10月には1500円を割る局面がありました。これでW底を形成です。株価は底値をつけるともみ合いがあり、その後、上昇に転じるケースが多々あります。ですから、W底を確認して、買いを入れてもいいと思います。

　さて、「底値で買って、高値で売る」と言葉にするのは簡単ですが、実際はそうはいかないものです。

　ここに挙げたIHIのケースでも、2020年4月6日につけた1051円

IHIの週足チャート❶

を狙うのは難しいでしょう。ですから、**底値圏でのもみ合いが始まっ
てから、買いを入れる、あるいは上昇し始めてから買いを入れる**とい
ったトレードでいいと思います。

　また、最高値で売るのも難しいでしょう。投資格言に「頭と尻尾は
くれてやれ」というのがありますが、まさにその通り。

　**底値と判断できるゾーンで買って、配当をもらいながら、高値と判
断できるゾーンを待って売る**──そう考えてください。

　そのゾーンも、定義があるわけではなく、自分なりのゾーンでいい
のです（週足チャート❷）。それで十分、利益は上がると思います。

　実際に私も最安値で買って、最高値で売却しようとは思っていませ
ん。自分なりのゾーンで売買しています。

　勝ちやすいゾーンを自分で想定して、そのゾーンで戦うということ
です。野球でいえば、内角低め、外角高めといったニュアンスです。

IHIの週足チャート❷

Chapter4 38

川崎重工業、三菱重工業

日経平均連動の銘柄は
日経暴落時がチャンス

▶ **個別銘柄の多くは日経平均株価に連動する**

個別銘柄の多くは、日経平均株価にほぼ連動して上下しています。

その好例が**川崎重工業**（7012）、**三菱重工業**（7011）です。

下の図のように、日経平均株価と川崎重工業、三菱重工業の値動きを比較すると、日経平均株価が下落すれば、この2銘柄も下落しています。

現在はかなりの高値になってしまっていても、日経平均株価の暴落時には川崎重工業や三菱重工業のような銘柄が割安、お買い得になる

日経平均と川崎重工業、三菱重工業のチャート

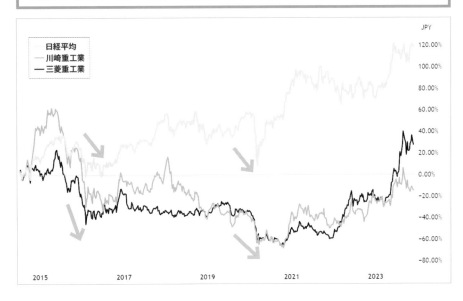

ということです。

　個人投資家の多くが、個別銘柄の動きだけに気を取られて、日経平均株価と連動していることを忘れてしまいがちです。

　ところが、高値をつけている優良銘柄も、日経平均株価の暴落時には大幅に下落しやすくなります。そこで**日経平均株価の暴落は、高値圏にある優良銘柄がとても安く買えるバーゲンセール到来**と考えてみてください。

　川崎重工業と三菱重工業のチャートを見ながら、解説します。

▶ ①川崎重工業：3000円手前から3500円までに利確

　配当推移を見ると、ここ十数年は無配が一度ありますが、増配をしている年度もあります。

　次ページの週足チャートでわかるように、2020年10月29日に安値をつけて上昇しています。ここまで4月につけた安値から1500円

川崎重工業の配当推移

配当利回り		配当性向	
2010年3月 (個)	1.16%	2010年3月 (連) 赤字	-
2011年3月 (個) -0.34%	0.82%	2011年3月 (連)	19.27%
2012年3月 (個) +1.16%	1.98%	2012年3月 (連) +2.22%	21.49%
2013年3月 (個) -0.29%	1.69%	2013年3月 (連) +5.51%	27%
2014年3月 (個) -0.11%	1.58%	2014年3月 (連) -1.1%	25.9%
2015年3月 (個) +0.07%	1.65%	2015年3月 (連) +6.4%	32.3%
2016年3月 (個) +2.04%	3.69%	2016年3月 (連) +11.2%	43.5%
2017年3月 (個) -1.91%	1.78%	2017年3月 (連) -5.3%	38.2%
2018年3月 (個) -0.04%	1.74%	2018年3月 (連) -3.6%	34.6%
2019年3月 (個) +0.82%	2.56%	2019年3月 (連) +7.9%	42.5%
2020年3月 (個) -0.33%	2.23%	2020年3月 (連) -11.2%	31.3%
2021年3月 (個) -2.23%	0%	2021年3月	-
2022年3月 (個)	1.8%	2022年3月 (連) +21.7%	53%
2023年3月 (個) +1.31%	3.11%	2023年3月 (連) -24.6%	28.4%

出典：「IR BANK」（https://irbank.net/）

前後の横ばいが続き、10月に安値をつけ、W底が形成されました。

　W底から上昇したら、横ばいから上昇トレンドへの転換と推測でき、買いエントリーできるでしょう。また、**1500円あたりの価格帯は割安ゾーン**とも判断できます。

　売却は前の高値を超えたあたり、2800〜3000円のゾーンを狙います。3000円以上まで保有してもいいのですが、2019年3月に2934円から下落、また21年3月23日に2861円から下落しているので、**3000円手前で利益確定するほうが安全**です。

　チャートのその後は、23年9月7日に4228円をつけていますが、続伸して5000円になるためには、約18％の上昇が必要です。

　なお、このときの日経平均株価は約3万3000円。日経平均に連動して上昇すると考えるなら、日経平均株価も18％上がる必要があります。すると、日経平均株価が3万8000円を超えなければなりません。バブル期の最高値が3万8957円ですので、果たしてそこまで上昇す

川崎重工業の週足チャート

ると言えるでしょうか。

　このように考えると4000円を超えた価格帯からは、いつ下落しても不思議ではありません。ですから、割安で買って長期保有を前提とする高配当投資の対象銘柄ではなくなるということです。

「頭と尻尾はくれてやれ」ですから、**せいぜい3500円までに売却して利確したほうがいい**でしょう。

▶　②三菱重工業：「バーゲンセール」で買えたら配当約5％

　Chapter 3で国策銘柄としても登場した三菱重工業。同社の配当利回りは2023年11月2日時点で約2％。高配当銘柄とはいえませんが、無配はなく、増配をしています。

　日経平均株価がコロナ禍の影響で続落した2020年3月、同社の株価も大きく下落、2500円から3000円のボックス圏になりました。

　これをバーゲンセールと思って3000円で買ったら、配当利回り

三菱重工業の配当推移

配当利回り			配当性向		
2010年3月 (個)		1.03%	2010年3月 (連) +35.33%		118.48%
2011年3月 (個) +0.02%		1.05%	2011年3月 (連) -73.9%		44.58%
2012年3月 (個) +0.45%		1.5%	2012年3月 (連) +23.78%		68.36%
2013年3月 (個) ±0%		1.5%	2013年3月 (連) -40.76%		27.6%
2014年3月 (個) -0.16%		1.34%	2014年3月 (連) -10.9%		16.7%
2015年3月 (個) +0.32%		1.66%	2015年3月 (連) +16.7%		33.4%
2016年3月 (個) +1.21%		2.87%	2016年3月 (連) +29.7%		63.1%
2017年3月 (個) -0.19%		2.68%	2017年3月 (連) -17.2%		45.9%
2018年3月 (個) +0.27%		2.95%	2018年3月 (連) +11.3%		57.2%
2019年3月 (個) -0.12%		2.83%	2019年3月 (連) -17.6%		39.6%
2020年3月 (個) +2.66%		5.49%	2020年3月 (連) +18.2%		57.8%
2021年3月 (個) -3.32%		2.17%	2021年3月 (連) +4.2%		62%
2022年3月 (個) +0.32%		2.49%	2022年3月 (連) -32.4%		29.6%
2023年3月 (個) +0.18%		2.67%	2023年3月 (連) +3.9%		33.5%

出典：「IR BANK」（https://irbank.net/）

は約 **5%** です。高配当投資では、いかに割安で買うことが重要であるかがわかると思います。

　割安で買えたら配当をもらいながら保有し、売却益を狙います。**高値を見ると 2016 年 12 月に 5714 円、19 年 5 月に 4886 円、22 年 12 月に 5687 円**をつけています。買いエントリーしたら、このあたり 5700 円前後の価格帯を利益確定する高値ゾーンと想定します。

　7000 円近くまで保有するという考えもあるかもしれませんが、そこに届く前に下落する可能性も十分にあります。5700 円前後で売却しても、配当と売却益でかなりの利益が出るはずです。安全圏を狙ったほうがいいと思います。

　川崎重工業も三菱重工業も、2023 年 11 月現在、すでに上昇して高値ゾーンです。しかし日経平均株価が暴落したら、割安まで下落する可能性は十分あります。この 2 銘柄のように**高値ゾーンにある優良銘柄をチェックして、暴落時に買える準備**をしておくといいでしょう。

三菱重工業の週足チャート

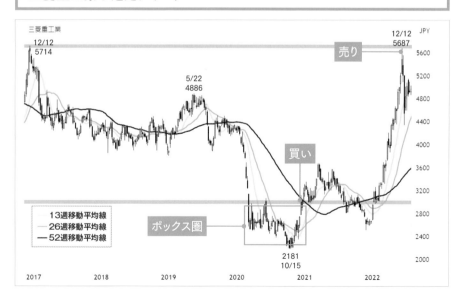

39

ヤマハ発動機
日経暴落で底打ち後、
急上昇の高配当銘柄

▶ **暴落時に買えたら、配当をもらいながら上昇を待つ**

　ヤマハ発動機(7272)は、 2023年11月2日時点で配当利回り3.8%という高配当銘柄です。ここ十数年は無配もなく、2020年のコロナ禍で無配の企業が多い中でも、同社は配当を出しています。

　また、次ページの週足チャートを見ると、株価は2020年3月19日に1121円まで下落。この日は日経平均株価が続落し、3年4カ月ぶりの安値1万6552円をつけた日です。

　川崎重工業や三菱重工業と同じで、ヤマハ発動機も日経平均株価に

ヤマハ発動機の配当推移

配当利回り			配当性向		
2011年12月 (個)		1.59%	2011年12月 (個)		20.5%
2012年12月 (個) -0.54%		1.05%	2012年12月 (連) +26.1%		46.6%
2013年12月 (個) +0.6%		1.65%	2013年12月 (連) -26%		20.6%
2014年12月 (個) -0.01%		1.64%	2014年12月 (連) -0.2%		20.4%
2015年12月 (個) -0.04%		1.6%	2015年12月 (連) +5.2%		25.6%
2016年12月 (個) +0.73%		2.33%	2016年12月 (連) +7.6%		33.2%
2017年12月 (個) +0.05%		2.38%	2017年12月 (連) -3%		30.2%
2018年12月 (個) +1.79%		4.17%	2018年12月 (連) +3.5%		33.7%
2019年12月 (個) -0.08%		4.09%	2019年12月 (連) +7.8%		41.5%
2020年12月 (個) -1.24%		2.85%	2020年12月 (連) -2%		39.5%
2021年12月 (個) +1.32%		4.17%	2021年12月 (連) -13.7%		25.8%
2022年12月 (個) -0.02%		4.15%	2022年12月 (連) -1.4%		24.4%

出典：「IR BANK」（https://irbank.net/）

連動して下がっています。

　日経平均株価の暴落時には多くの投資家が恐怖に陥り、「とても買う気にはなれない」というのが普通の感情でしょう。

　しかし、割安で買おうと思ったら、そのような普通の感情と反対の行動がとれるかがポイントになります。**人と逆のことをする、暴落しているときに逆張りで買える**――これが大事なのです。

　まさに投資格言の「人の行く裏に道あり花の山」です。

　私は、この暴落時に購入し、前の高値の3900円近辺まで、配当をもらいながら保有して、2023年6月に3900円をつけたときに売却しました。

　保有している途中で、3000円台から2022年3月に2170円まで下がることはありましたが、もともと長期保有を決めているので、私の場合、損切りはしません。3年間は保有を続け、「配当金はがまん料」としてもらい続けました。

ヤマハ発動機の週足チャート

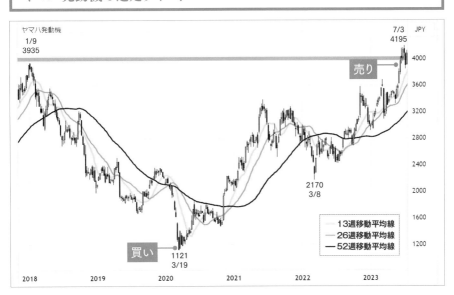

古河電気工業
日経平均株価の上昇に
追いつかない出遅れ銘柄

▶ **日経平均株価に連動しない銘柄もある**

　日経平均株価は 2020 年 3 月 19 日に 1 万 6552 円という安値をつけました。そこから 23 年 11 月 7 日に終値で 3 万 2271 円、約 2 倍になっています。

　ところが、業績が赤字転落することも、無配になることもないのに、日経平均株価の上昇に追いついていない銘柄があります。いわゆる「出遅れ銘柄」です。

　例えば、**古河電気工業**（5801）です。2020 年 3 月 19 日の株価は終

日経平均と古河電気工業のチャート

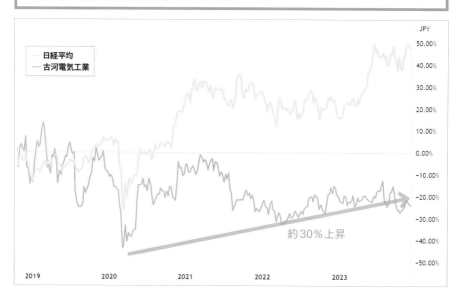

値 1773 円、それが 23 年 11 月 7 日は 2339 円と約 30％しか上昇していません。

　では、古河電気工業の業績はどうかというと 20 年以降は黒字で減配はありますが、無配はありません。

　しかし、次ページのように、株価は横ばいといった状態です。

　週足チャートから 2020 年 3 月 17 日は 1620 円の安値をつけています。この安値は、2012 年 11 月 9 日につけた安値 1410 円とほぼ同額です。すると **1620 円は最安値に近く、ここから 10％ほど上がった約 1800 円までは最安値のゾーン**と考えていいでしょう。

▶ 「どこが安い？」には小学生目線で素直に答える

　ここで、どこまでの価格帯を「安値」と考えるかを説明しておきたいと思います。

　前述したように、まず 1620 円からラインを引いて、ここから 1800

古河電気工業の業績推移

配当利回り		配当性向	
2010年3月 (個)	1.03%	2010年3月 (連)	36.19%
2011年3月 (個) +0.61%	1.64%	2011年3月 (連) -7.28%	28.91%
2012年3月 (個) -0.5%	1.14%	2012年3月 (連) 赤字	-
2013年3月 (個) +0.29%	1.43%	2013年3月 (連)	59.2%
2014年3月 (個) -0.26%	1.17%	2014年3月 (連) -21.4%	37.8%
2015年3月 (個) +0.31%	1.48%	2015年3月 (連) -9%	28.8%
2016年3月 (個) +0.17%	1.65%	2016年3月 (連) -0.6%	28.2%
2017年3月 (個) -0.27%	1.38%	2017年3月 (連) -6.1%	22.1%
2018年3月 (個) +0.02%	1.4%	2018年3月 (連) -2.3%	19.8%
2019年3月 (個) +1.65%	3.05%	2019年3月 (連) +0.8%	20.6%
2020年3月 (個) +1.28%	4.33%	2020年3月 (連) +13.4%	34%
2021年3月 (個) -2.31%	2.02%	2021年3月 (連) +8.3%	42.3%
2022年3月 (個) +0.74%	2.76%	2022年3月 (連) -0.5%	41.8%
2023年3月 (個) +0.49%	3.25%	2023年3月 (連) -10.4%	31.4%

出典：「IR BANK」（https://irbank.net/）

円までは最安値のゾーンです。

　次の安値は2033円、次が1963円です。すると2000円前後は安値のゾーンです。ですから、**株価が1800円までは最安値、2000円前後までなら安値**で買え、いずれの価格帯も割安で買えることになります。

　このようにラインを引いて、その銘柄の株価が最も安かったところ、次に安かったところ、その次に安かったところと、下から順を追って考え、現在の株価がどの位置にあるかを見ると割安かどうかの判断がつきます（次ページ）。

　それをRSIやボリンジャーバンドなどで分析するから、かえってわかりにくくなるものです。**「どこが安い？」という質問には小学生が答えるようなイメージ**で、素直に判断することが大事なのです。

古河電気工業の週足チャート❶

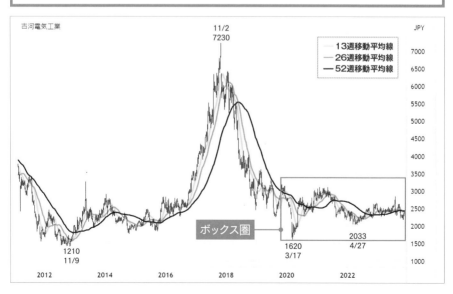

▶ 日経平均に出遅れて安値である理由

　さて、古河電気工業が日経平均に出遅れて安値であるという理由についても考えてみましょう。

　同社の主力事業は、光ファイバーをはじめとする光関連事業です。しかし、日本国内の光ファイバー整備率が2020年には約99％に達し、社会的需要が少ないと思われていることや、同社の主力市場である米国が現在、輸入に頼らず自国の原材料で光ファイバーの製造を進めていることなどから、光ファイバー事業の将来性を危惧するムードがあります。

　また、同社が属している「非鉄金属」セクターの銘柄は、景気敏感株です。米国の金利政策から相場サイクル（118ページ）を考えると、2023年11月現在は、逆金融相場か逆業績相場と思われます。すると、買われるセクターは景気敏感株より、ディフェンシブ銘柄になります。

　このように、事業への将来性と属するセクターにあまり人気がな

Chapter 4　決算で配当を確かめ、チャートを見て売買する！ 実践編

古河電気工業の週足チャート❷

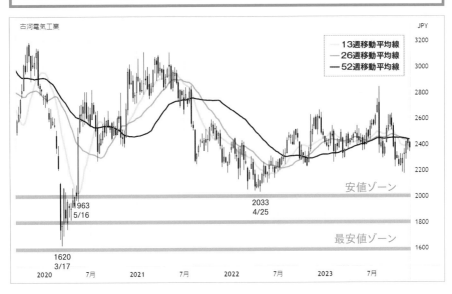

いという理由で、出遅れているのかもしれません。

▶ 放置されている銘柄にあえて「逆張り」するか?

さて、ここでダメだと思ってしまうか?　割安で買っておいて配当
をもらいながら、上昇するまで保有するか?

その判断材料として、今後の事業計画を調べてみましょう。古河電
気工業は、洋上の風力発電設備の送電に使われる海底ケーブルや核融
合炉の建設に必要な「HTS（高温超電導）線材」の増産など、大きな
利益が期待できる事業を進めています。

この事業が順調に利益を上げていけば、同社の株価も日経平均の上
昇に追いついて、2000円台から3000円台、4000円台をつける可能
性がないとはいえません。

日経平均株価に出遅れ、割安で放置されている銘柄を見つけたら、
ダメと断定する前に事業内容や割安な理由を調べてみましょう。

そこで、将来に期待できるなら、買いが集まらない銘柄を割安なう
ちに買って、配当をもらいながら、上昇してから利確するという作戦
が立てられます。

Chapter4

41

ウッドワン
下値がわかりやすい
割安銘柄で安定配当

▶ **配当利回り2％でも動きがわかりやすい割安銘柄**

　これが最後の銘柄例です。ここでは高配当投資ではありませんが、配当利回りが低くても安定した配当を得ることを目的に保有するという考え方も紹介しておきたいと思います。

　ウッドワン（7898）は、配当利回り約2％と高配当銘柄ではありません。ただし無配はなく、安定して配当を出しています。

　次ページの週足チャートからは、**1000円前後の安値をつけて上昇し、1400円前後の高値をつけてから下がるというサイクル**を繰り返

ウッドワンの配当推移

配当利回り		配当性向	
2010年3月 (個)	2.69%	2010年3月 (連)	7.11%
2011年3月 (個) -1.02%	1.67%	2011年3月 (連) +51.52%	58.63%
2012年3月 (個) +0.41%	2.08%	2012年3月 (連) -44.11%	14.52%
2013年3月 (個) +0.26%	2.34%	2013年3月 (連) -1.72%	12.8%
2014年3月 (個) -0.03%	2.31%	2014年3月 (連) +7.5%	20.3%
2015年3月 (個) +0.46%	2.77%	2015年3月 (連) +25%	45.3%
2016年3月 (個) +0.23%	3%	2016年3月 (連) +510.3%	555.6%
2017年3月 (個) -0.39%	2.61%	2017年3月 (連) -525.5%	30.1%
2018年3月 (個) ±0%	2.61%	2018年3月 (連) +137.5%	167.6%
2019年3月 (個) +0.99%	3.6%	2019年3月 (連) -8.4%	159.2%
2020年3月 (個) +0.06%	3.66%	2020年3月 (連) -117%	42.2%
2021年3月 (個) -1.77%	1.89%	2021年3月 (連) -23.1%	19.1%
2022年3月 (個) -0.12%	1.77%	2022年3月 (連) -2%	17.1%
2023年3月 (個) -0.09%	1.68%	2023年3月 (連) +44.2%	61.3%

出典：「IR BANK」（https://irbank.net/）

していることがわかります。

▶ 下値がわかりやすい銘柄を割安なときに拾う

そこで株価が1000円前後なら割安と判断できます。2020年3月にはコロナショックがあり754円まで下がっています。相場格言に「事故は買い、事件は売り」というものがあります。私は、コロナは「天災」のような突発的な事故ととらえて、「買い」というスタンスです。実際に、ウッドワンをはじめ多くの銘柄をかなり割安で買いました。

通常時であればウッドワンは、**1000円前後で買って、1400円前後に上がるまで待って売却するという作戦**が立てられます。

下値と上値がわかりやすいので、売却益が安定的に得られる銘柄です。また、無配もなく配当目的の保有にもふさわしいといえます。

日頃、定期的に数多くのチャートを見て、このような銘柄を探し、割安のときに拾っておくというのも、配当株投資の有効な手です。

ウッドワンの週足チャート

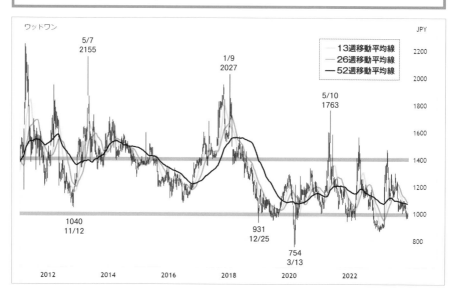

Chapter4 42

高配当投資
心に留めておいて
ほしい8つのルール

▶ 高配当投資8つのルール

　ここまで具体的に10の銘柄例を挙げて、配当推移とチャートを使って解説してきました。本章の最後に、高配当投資をする際に心に留めておいてほしい8つのルールをまとめてみましたので、ご一読ください。

❶増収、増益、安定配当、高配当利回り銘柄に投資する

　割安であっても決算が悪ければ、いつ無配になるかわかりません。決算、配当推移を確認しましょう。配当推移ですが、コロナショックの際には企業の多くが無配や減配になっています。それ以降、毎年配当を出しているようなら安定配当ととらえていいでしょう。

❷高配当投資が第一目的、次に値上がり益を狙う

　あくまでも配当をもらうのが目的の投資です。売却して得られる値上がり益は、次に再投資をするための資金として活用します。配当をもらうために短期ではなく、長期保有を前提に銘柄を選びましょう。

❸狙うのは割安株、中途半端な株価では買わない

　❷の長期保有を前提にすると、低位にある銘柄であっても長い目で見たら、さらに上昇が期待できるかもしれません。上値の間に位置するような株価ではエントリーしません。狙うのは割安なときだけです。

❹割安株を狙い、上昇までがまんする

株価が安いほど配当利回りは高くなります。割安で買ったら、あとは上昇を待つのみ。多少の株価の上下に動じることなく、配当をもらいましょう。配当は、上昇するまでの「がまん料」です！

❺割安・割高は小学生目線で判断する

割安や割高な位置をRSIやボリンジャーバンドといった指標から判断しようとすると、かえってわかりにくくなると思います。私は、チャートの安値や高値に平行ラインを引いて、「どこが一番安いか、高いか？」「次はどこか？　その次は？」と、小学生でも解答できるくらいに単純に考えるのが、一番わかりやすいと思います。

❻最安値と最高値は狙わず、戦いやすいゾーンで売買する

前の安値・高値をピンポイントで狙うのではなく、その前後のゾーンで売買しましょう。ゾーンの決め方には厳密な決まりはありません。自分の経験から考えて、納得のいく価格帯でいいのです。それが自分の戦いやすいゾーンになります。

❼日経平均株価の暴落は「バーゲンセール」と心得る

個別銘柄の多くは、日経平均株価と連動して上下しています。そこで日経平均株価が暴落したら、割高で買えなかった優良銘柄を安く買えるチャンスととらえましょう。その日のために日頃、買いたい銘柄をピックアップして準備しておきます。急落、暴落に備えて、現金を手元資金として残しておくことも大切です。

❽常日頃から多くのチャートを見て「審美眼」を養う

実際にトレードをしなくても、日頃から定期的に個別銘柄のチャート、日足・週足・月足を見ておくようにしましょう。すると、日経平

均株価が下落したときなど、どの銘柄がどのくらい下落して、どのくらい割安な価格帯になってきたかが、感覚的にわかるようになります。

　美術鑑賞では多くの作品を見て審美眼を養うように、トレードでも多くの株価チャートを見ておくことが大事です。

　以上、高配当投資で役立つ8つのルールを挙げました。

　ただし、このルールが絶対というわけではありません。これらを参考にトレードしてみて、さらには自分なりのルールを作り上げてほしいと思います。

おわりに

　ここまで読んでいただき、ありがとうございました。高配当投資の魅力はみなさんに伝わったでしょうか。

　株式投資で利益を出す方法には、2パターンあります。

　配当金狙いか、値上がり益狙いか。

　本書は、そのどちらも狙いたい人のノウハウです。ほかの類書にはないノウハウや、配当金という不労所得を得るコツをふんだんに詰め込みました。

　正しい方法でコツコツ続ければ、誰でも年月をかけて、それなりの資産が手に入ります。

　私のまわりでも、「数年で月数万円の配当を得られるようになったという人」「年間300万円以上の配当金を得て、会社員を辞めて念願の起業をした人」たちが続出しています。

　老後にもらえる年金に、数万円の配当金が上積みされるだけでも、豊かな人生設計ができます。将来の不安もかなり解消されるでしょう。さらに、起業独立したり、がまんしていた海外旅行に行けたりと、人生の豊かさも手に入るでしょう。もちろん、子どもにもその子が望む教育環境を与えられるようになります。

　まとめると、高配当投資には次のようにメリットが盛りだくさんです。

・誰でも不労所得が得られやすい＝ほかの誰かが働いてくれて自動で

入金されるマシーン

・初心者でも比較的簡単に始められる

・不況に強い

・大暴落などのバッドイベントに強い

・月数万円の配当金があれば生活が楽になる

・しっかりと銘柄を選べば、株価も上がりやすく、値上がり益も得やすい

　投資の利益には、その年によってブレがあります。値上がり益だけで安定した収益を手に入れるのは、並大抵のことではありません。

　大きく暴騰したその翌年に暴落する、というのは相場ではよくある話です。私自身、株式投資歴が20年ほどですが、毎年安定した株の収益を手に入れるのに、10年以上はかかりました。

　値上がり益だけを目的にした株式投資は、どんなベテランであっても毎年確実に利益が出る、という投資手法ではないのです。

　一方、配当金の収益は違います。減配、無配のリスクはもちろんありますが、本書を参考に、しっかりと銘柄選びをすれば、そのリスクは上手に回避できます。チャートを選定してエントリータイミングを絞り込めば、**これほど「再現性のある投資方法はない！」**と断言できます。

　好景気も不景気も、高金利も低金利も、景気サイクルに関係なく配当が入ってくるようになることが重要です。そして、そのサイクルの中で、高配当株を売却して、値上がり益も手に入れます。さらに、その利益を次の高配当に投資して、5年や10年かけて資産を2倍、5倍、10倍にしていきます。これが、本書で紹介する高配当投資のメソッドです。

この手法をものにすれば、**誰でも資産１億円を手にすることができ**ると私は考えます。１億円が目指すゴールとしてはイメージできない場合は、月の不労所得を３万円や10万円に設定してもいいでしょう。それであれば、さらに達成確率は高まります。

　同じ会社に勤める同じ給与の同僚よりも、「配当金」という特権を手に入れられます。心の余裕が人生を豊かにしてくれます。**高配当投資は、誰でも平等に手に入れられる不労所得への最短ルート**です。

　ただ、いざ初心者の人が、高配当株投資を始めようとすると、どの銘柄を、いつ、どのように買えばいいのかわからない、といった不安が出てくるものです。
　もちろん、学ぶのが一切いやだ、知識はいらない、ラクして稼ぎたい、という人には、いくら再現性が高いとはいえ、高配当投資は向いていません。
　一方、一度、高配当投資をマスターして、月３万円の不労所得が安定して入ってくるフェーズになれば、あとはそれを増やしていくだけです。時間をかけて、複利で増やせば、誰でも資産形成は可能です。
　そのためにも、勉強するのと実践するのを、同時に両輪で回していくことが大事です。グイグイ成長していくのを感じるはずです。勉強しながら実践していくことで、成長を実感できます。

　ただ、やたらと情報が増えると、株の初心者になるほど頭が混乱したり、スキルの取捨選択が大変になったりします。そのため、本書では私の20年の株式投資歴から、普遍的な高配当投資のノウハウをまとめました。
　銘柄の選び方、乗り換え方、減配、無配になる株の回避法、年に５

万、10 万の不労所得を稼ぐコツと裏技、これらは 2024 年からスタートする新 NISA にも活用できます。

それだけではありません。チャートの分析の仕方、買いタイミングや売りタイミングまで、全部詰め込んでいます。上級者も初心者も、誰でも同じように成果を出せるでしょう。

あとは、繰り返し行いながら、自分のスキルにしてください。早い人だと、新 NISA が始まる 2024 年の 1 年でも、高配当投資が自分のものとなるでしょう。

シンプルに、半永久的に不労所得が手に入る——それが高配当投資の魅力です。給与以外にほかに収入があるととてもうれしいものです。

不労所得のような安定収入は、たとえ少額でも生活の安心につながります。みなさんも、ぜひ本書を通じて自分年金をつくりましょう。

寝ていても、忘れていても、お金が入ってくる。
日々の株価に振り回されなくていい。

こんな素晴らしい投資法はないと言っていいでしょう。本書が、みなさんの生活や人生をより豊かにする、その一助になれば幸いです。

2023 年 12 月　上岡正明

【著者】

上岡正明

株式会社フロンティアコンサルティング代表取締役

◎1975年生まれ。放送作家・脚本家を経て、27歳で広報PRのコンサルティング会社を設立。20年以上にわたって200社以上の企業ブランド構築、国際観光誘致イベントなどを成功させる。また、大学院にてMBA(情報工学博士前期課程)を取得。多摩大学、成蹊大学、帝塚山大学などで客員講師等をつとめる。

◎株式投資歴20年の投資家としても活躍しており、これまでに5億円超えの資産を形成。投資系YouTuberとして約24万人(2023年12月)のチャンネル登録者を誇る。著書に『年収1億円になる人は、「これ」しかやらない』(PHP研究所)、『投資脳』(すばる舎)、『株メンタル』(東洋経済新報社)、『死ぬほど読めて忘れない高速読書』(アスコム)などベストセラー多数。

◎主な所属学会は、日本社会心理学会、行動経済学会、一般社団法人日本行動分析学会、一般社団法人小児心身医学会、日本神経心理学会。

上岡正明のYouTubeチャンネル(ほぼ毎日更新)
https://www.youtube.com/@kamioka01
上岡正明の公式X
(スキルハック・学ぶ力・稼ぐ力を配信中)
https://twitter.com/kamioka01

最強の高配当投資
売却益×配当益　爆速で資産を増やす!

2023年12月25日　初版第1刷発行
2024年2月3日　初版第3刷発行

著　者	上岡正明
発行者	小川　淳
発行所	SBクリエイティブ株式会社
	〒105-0001　東京都港区虎ノ門2-2-1

装　幀	井上新八
本文デザイン	トモエキコウ
ライター	小川美千子
イラスト	しゅうくりぃむ
図　版	RISTA DESIGN Co.,Ltd
組　版	アーティザンカンパニー株式会社
編集担当	中本智子
印刷・製本	三松堂株式会社

本書をお読みになったご意見・ご感想を下記URL、または左記QRコードよりお寄せください。
https://isbn2.sbcr.jp/23395/